強制退去アメリカ人研究者の

中国はこれほど戦争を好む

スティーブン・W・モッシャー

松本道弘◎監訳・解説

SEIKO SHOBO

HEGEMON
CHINA'S PLAN TO DOMINATE ASIA AND THE WORLD
BY STEVEN W.MOSHER

目次 ―― Contents

第四章――大中華主義が鼓舞するナショナリズム

第五章 アジア支配を目指しての軍事大国化

第六章——迷信に翻弄されるアメリカの対中政策

▼翻訳協力
岩井木綿子
▼装幀
フロッグキングスタジオ

中国はこれほど戦争を好む

はじめに

●——中国の覇権主義と私の祈り

私は、中国のある村で「一人っ子政策」に関する調査を一年間行なうことを許され、この政策にまつわる人権侵害問題の調査にあたっていた。しかし、調査期間が終了するころには、中国当局は私の調査活動に懸念を深めていた。私は身柄を拘束され、自供書を書くよう強要された。もちろん、中国で同じ目に遭った人々は多数にのぼるが、外国人の例は比較的まれである。

中国内陸部への訪問は正式に許可されたものだったが、一九八〇年に当局の罠《わな》にはめられ、貴州の片田舎にあった小さな宿に軟禁された。もちろん、外部との通信は一切できない。そして、外国人の国内移動規定に違反したという口実の下、警察幹部に尋問された。警察は、規定違反を書面で認めるよう、しつこく迫った。私は有効な移動許可を所持していたので、丁重に自白を断った。しかし警察は、何日も過ぎた後に、私が自供書を書くまで軟禁を解くつもりはないと通告してきた。

このようにして中国の暗黒の核心に遭遇し、私の心は驚くほど硬化していた。自由主義者でも後ろから首を絞められたりすれば保守主義者に変わるのと同様、「中国の友」だって中国当局から逮捕されれば中国批判者ともなるだろう。私への尋問そのものが、中華帝国では法律が形ばかりにしか機能していない、何よりの証拠である。アメリカ合衆国憲法修正第五条、人身保護令（ハベウス・コルプス）、弁護士、その他あらゆる助けを剥ぎ取られ、私は裸同然で中国国家の前に立ちすくんでいた。この経験によって、私は中国の社会ならびに政治における権力の網にからめ取られ、永遠に中国版強制収容所《グラーグ》に姿を消してしまう中国人たちの究極的な無力さを学び取った。もちろん、どこの大学に入学してもこんなことは絶対に学べないが。

結局、ついに私は観念し、当局が満足する内容の供述書を書き上げて署名した。拘束を解かれた私は香港へ脱出した。

これほど執拗に自白を強要する理由は何だろうか？　中国共産党は偽りの告白抜きには成り立たないのだろう。そうした告白によって、共産党の「上部組織」の無謬性が保証されているのだろう。また同時に、それは、労働者階級に自らの無力さを再認識させる、という党の目標を党員に再確認させ、権力者としての自覚を促す。一九八〇年の私のそれのように、偽りの自白が無理やり引き出されるたびに嘘の塊《かたまり》の上に嘘が塗り重ねられ、依って立つ中国共産党の国家体制が正当化され、その絶対的な権力が容認され続けることとなる。

その後、私は中国の実情を報告した咎《とが》で、中国政府に「国際的なスパイ」と認定された。

＊

「非友好的な行為」を行なったとして、私の名前は「中国の敵」という名の外国人ブラックリストの上位に載せられている。だが言うまでもなく、私は中国の敵ではない。むしろ、中国人民の友人であり、彼らの幸運を心から願っている。また、中国人のために、中国により良い政府が生まれることを祈っている。だが現在の中国政府は、「覇権国」となることにしか精力を傾けていない。

だから私は祈ってやまない。本書の主題はそこにある。今後、長年にわたって私の名前は疑いもなく、中国のブラックリストに載り続けるだろう。私の願いとは裏腹に……。

序章

中国の「危険な賭け」

●──「天安門の誘惑」は個人的妄想だったのか

「あなたが劇的な時代を生きるよう祈る」──

欧米人はそう言われると心が躍るかもしれない。だが、中国ではこれは呪いの言葉だ。長い中国史において「劇的な時代」とは、武装強盗や反乱による混乱のなかで、王朝が崩壊から滅亡へと向かう時期について敬意をこめて表わす言葉だからだ。「劇的な時代」は社会の混乱と致命的な危機的状況とを伴うため、ただただ、敵である相手のみに災禍が振りかかるよう、この呪いの文句を浴びせるのだ。

私自身も中華人民共和国とかかわって、単調とはほど遠い人生を送ってきた。鄧小平がそれまでの方針を百八十度転換して対欧米開放政策を始めると、私はアメリカ人の社会科学者としては初めて、中国のある村を総合的に調査する許可を与えられた。だが、結局、私は「国際スパイ」と呼ばれて国外退去処分となった。

一九七九年三月、期待と不安を胸にした私はその村に到着し、それから二年近くをそこで暮らした。滞在中は「劇的な」驚きの連続だった。三十年間絶え間なく続いた政治運動が、中国の人々に深い傷痕を残したことを私は知った。その運動とは一部西側知識人にはいまだに擁護されている毛沢東の「文化大革命」だが、何百万もの人々が命を落とし、何百万もの人々が傷ついた、とてつもない大惨事だった。

また、私がちょうど中国にいるときに「一人っ子政策」も始まった。これも毛沢東のシナリオにあった政策だが、理想を目指しているはずの政権がその理想からいかに離れていくかを思い知らされる、やりきれない例の一つだ。

一九八〇年、中国を去るとき、一緒に仕事をした中国人女性たちの救いを求める叫びが耳から離れなかった。中国の過去の全体主義が、現在の中国にもいまだに影を落とし、その将来までも限定しているのだと思い知らされた。帰国の数日前、私は「外国人旅行者規則違反」の名目で逮捕、軟禁された。そして、釈放してもらうために「供述書」を書かされた。この出来事自体が、過去の忌まわしい遺産がしっかりと生き続けていることの証しだ。

けれども、八〇年代後半になって、私はそれまでと違った見方をするようになった。他の多くの中国研究者も同じだった。私は、これを「天安門の誘惑」と呼んでいる。鄧小平の経済改革によって解き放たれたさまざまな力が、中国を単に資本主義の方向へ導くだけでなく、自由主義へと向かわせるだろうという楽天的な考え方だ。

一九八九年六月四日、北京の街を埋め尽くした百万人ものデモ隊の姿は、その十年前に知り合った農民たちのおどおどとした様子を思い起こすにつけても、格別、私を勇気づけるものだった。中国の人々が、力強く一致団結して、ついに立ち上がったのだ。

天安門広場のデモ隊の姿は、この国に愛着を持つ私のような人間にとって喜ばしいものだったが、同時にアメリカにとっても朗報だった。中国は、強大になる前に生まれ変わるだろう、中華人民共和国は、アメリカが立ち上がってその野望を阻止する前に民主化を始めるだろう。

天安門広場に出現した「民主主義の女神」の幻がそう約束しているように思えた。その後に続いた流血の惨事でさえ、時代遅れの体制の最後のあがきと受けとめることもできた。反体制派に対して、より寛容で、しかも本気で政治改革に着手する意欲のある「新しい政府」がまもなく生まれ、現体制に取って代わるだろう。そう考えたのは私一人ではなかったはずだ。

この動乱の間に、中国国内外の反体制派からは、主権在民、基本的人権、立憲政治、法治国家といったアメリカ民主主義の理念に関する発言がしばしば聞かれた。これは、経済的変化によって早くも西洋の理念が中国の大地に根づいた証拠と思われた。どんなに楽観的な見方をするアメリカ至上主義者でさえ、これほど早いとは予想していなかっただろう。

八〇年代に始まった経済改革が、九〇年代初期に強化と浸透が進むにつれて、要職に就く民主主義者の数も増えたものと思われる。インターネットの出現によって、一般中国人とのメールのやりとりが可能になり、政治改革はさらに加速するはずだった。私は、自由を標榜し企業活動の自由を望む勢力が中華帝国で台頭し、自由主義諸国との間に平和で実り豊かな関係が築かれることに望みをかけていた。持続的な経済成長と海外との貿易取引が刺激となって、平穏な環境下での生活向上に関心を向ける中間階層や企業家階層が増大するだろう。そして、天安門事件の殉教者たちは、中国建国の父となるのだ。私は、中国共産党は崩壊寸前で、民主化革命が起こるのは時間の問題だと思い込んでいた。

だが、二十一世紀に入っての数年で、それは単なる個人的妄想にすぎないとわかった。中国を開放の方向に駆り立てていると見えた力は、すべて抑制され、失速してしまった。中国共産党はこれまで以上に確固とした権力を握っている。国内の反体制派は徹底的に弾圧され、天安門事件の数年後には事実上、姿を消した。国外では亡命者が団結して何千ものグループを組織し、中国国内の大蜂起を待ち望んでいたが、それも気勢をそがれて消散が始まった。

自然に活動が低迷していったグループもあるが、なかには組織に潜入した政府スパイの分裂工作による内紛によって崩壊したものもある。また、中国国内の会社との商取引や、中国に残った家族を訪問することを望んだリーダーが、一人、また一人と中国政府に籠絡《ろうらく》され、実体を失ったグループもある。中国への帰国条件は、ただ聞いただけではどうということもなさそうだが、言外の意味を読み取れば誰でも背筋が凍る。それは、「中国に敵対する発言をしてはならない」だった。

「大事なのは経済だ、文句あるか！」

楽観的な説によれば、経済改革が進むと、経済勢力や社会勢力の競争の場が生まれ、最終的には政治勢力の競争の場が生まれることにつながり、中国共産党の支配力は弱まるはずだった。しかし、新たに生じた中産階級の人々は、政治にほとんど関心を示さなかった。彼らは、鄧小平があからさまに表現したとおりに、「金持ちになる」ことだけに専念した。鄧小平は血塗られた鞭《むち》を振るった後で、ニンジンを中国の人々の目の前にぶら下げた。天安門事件後、鄧小平は、このニンジンがよく目に入るよう、意図的に経済を活性化させたのだ。これは、天安門事件から国民の注意をそらすためのたいへん大がかりな陽動作戦だった。

この試みは成功した。何百万もの中国人が自由への夢を放り出し、金持ちになれるという、鄧小平の掲げた餌《えさ》に殺到した。毎年のように好景気が続けば、政府に抵抗する意味などないと思ってしまうのも無理はない。これはまさしく、中国版「大事なのは経済だ、文句あるか!」〔訳注:クリントンの選挙参謀カービルが選挙事務所のデスクに掲げていた標語〕だった。

経済改革によって生み出された勢いは、すぐに共産党指導部に横取りされてしまった。現在、中国で最も成功した起業家は、「太子党」と呼ばれる人々だ。彼らは政界有力者や大物官僚の一族で、そのコネを利用して成功している。天安門事件の後に描かれた希望に満ちたシナリオでは、自由経済のもとで個々の経済勢力や社会勢力が生まれ、やがては個別の政治勢力が生まれるはずだったのに、経済自由化で新たに利益を得た人々は現体制維持勢力になってしまった。鄧小平の孫が、一族が利益を享受できるよう祖父が編み出した体制に造反するだろうか。現在の中国では、少数のエリートが公共部門を直接支配し、同じエリートが民間部門すべてとまではいかないにしても、最も高い利益を上げる私企業までを間接支配している。

では、あの学生たちは——十五年前、勇敢にデモを率いていたあの学生たちはどうなってしまったのだろうか。アメリカ人は、中国では世代が替わるたびに、欧米社会と民主主義とを志向する傾向が強まり、社会全体が次第に変化していくだろうと考えている。だが、天安門事件当時の学生たちよりも、現在成年を迎える中国の若者たちの方が、実は愛国的で反米的、おまけに中国現指導体制に対して、より好意的なのだ。

天安門世代は、文化大革命のさなかの六〇年代から七〇年代初めに生まれた世代だ。幼いころの記憶といえば、文化大革命の混乱と暴力、紅衛兵の内部対立、親子兄弟が互いに敵となる争いの残像だろう。そして成年に達するころは、毛主席のいきすぎた政策で多くの人命が奪われたという批判の嵐が吹きすさんでいた。学生グループのリーダーたちは、中国共産党が自らの過去の大部分を否定した時期に学校で学んでいた。彼らは、指導者に造反し、毛沢東思想の標語には耳を貸さず、社会を再組織し、自由を促進する方法を独特の姿勢で海外から取り入れていった。そして天安門事件が始まると、街に出て不満の声を上げ、政治腐敗や官僚主義、独裁体制を打ち破ろうと叫んだのだ。

一方、その次の世代、つまり現在の学生たちは、経済改革と天安門事件後の反動政治の時期に子供時代を過ごした。彼らが生まれた八〇年代前半は、毛沢東主義が引き起こした混乱が忘れ去られようとしていた時代であり、彼ら自身は、安定し、ますます豊かになっていく社会しか経験していない。天安門事件と文化大革命とは本質的にまったく違うものだが、彼らの心の中では、天安門事件の姿が歪《ゆが》められ、文化大革命と同じく突発的に起こった混乱にすぎないものとなっている。

したがって、彼らにとって天安門事件とは、警告であり災いのもとなのだ。彼らが受けた政治教育は、すでにイデオロギー教育中心からナショナリズム涵養《かんよう》にシフトし、過去の帝国の栄光と西洋列強による恥辱の歴史を詳しく教え込むものだった。彼らは、中国を本来あるべき地位から締め出しているのはアメリカだと教えられ、実際にそう強く信じ込んでいる。

それでも、アメリカ人の間には中国に関する幻想が根強く残っている。一九九八年、クリントン大統領が中国を訪問したとき、ジェイムズ・サッサー大使が天津大学で講演した。大使は、学生たちが中国の「変化の旗手」だと信じ、自分の講演は当然、敬聴されるものと思っていた。だが実際には、予定にはない質問責めに遭った。聴衆は驚くほど愛国的で、アジアにおけるアメリカの軍事プレゼンスや台湾への援助について、攻撃的どころか少なからぬ敵意を込めて質問を浴びせたのだ。

この手の質問に関しては、天津大学の学生たちと中国のすべてを支配する為政者たちとの間に意見の相違はない。もし学生たちに尋ねようものなら、その年（一九九八年）に発行された『中国防衛白書』を猛烈に支持したはずだ。中国の国家戦略を策定する人々はこの白書で、中国が「二十一世紀の世界をリードしなければならない」と主張している。サッサー大使と対決した学生たちも白書の作成者と同様に、中国の安全保障を脅かしている問題はすべて、アジアにおけるアメリカのプレゼンスや、世界中の諸問題への介入に起因するものと考えていたようだ。この若い過激愛国主義者たちは、中国が世界随一の超大国になるように望んでいるのだ。その上、世界に覇権国は二つもいらない、と信じている。

●——中国の大衆が9・11を冷笑した理由

この姿勢が具体的なかたちを伴って現われたのは、二〇〇一年四月一日、米空軍ＥＰ３電子偵察機が中国南岸沖で通常の偵察飛行中に、中国のＪ８Ⅱジェット戦闘機と接触したときだ。中国軍戦闘機パイロット王偉《ワンウエイ》が、アメリカの偵察機の飛行予定針路をむりやり変えさせようとして接触した。ジェット戦闘機は海中に沈み、ひどい損傷を受けたＥＰ３は、海南島の人民解放軍基地に緊急着陸した。人民解放軍は即座に偵察機から貴重な電子部品を取り外し、アメリカ人搭乗員を人質にした。王偉の葬儀には胡錦涛《フーチンタオ》副主席（現主席兼中国共産党総書記）が参列して弔辞を述べ、王偉は祖国防衛に命を捧げた人民解放軍の英雄に列せられると賛辞した。国営メディアは、アメリカのスパイ機が勇敢な中国人パイロットの命を奪ったと激しく非難し、アメリカを「ヒトラー主義者」などと呼んだ。実際は、王偉飛行士が国際空域を飛行中のアメリカ偵察機に無謀な挑発行為をしたのが真相だったにもかかわらず、中国はこのような姿勢を示したのだ。

　中国が見せる手荒な威嚇や挑発は、京劇の演出のように計算され尽くしたものだった。非難の矛先をアメリカに向け、中華帝国に対して頭を下げさせ、悔悛の情を示させるのが目的だった。だが、就任したばかりのブッシュ政権のスタッフには、これは逆効果だった。もともと批判的な目で中国を見ていたブッシュ政権は、この芝居がかった暴言を聞いて自らの見方が正しかったと考え、礼儀正しく落ち着いて反論した。

　事件後十一日間で双方の要求はだんだんエスカレートしていった。中国側は、公式な謝罪と賠償金の支払いが行なわれるまで人質を解放しないと公言していた。これは国際法に違反するものだが、ブッシュ政権は、ついに搭乗員を救い出すために「遺憾」という表現を使うことを提案する。だが、賠償金の支払いについては断固として拒否した。事故は、中国軍パイロットの挑発行為（あるいは未熟な操縦技術）が原因なのだ。だが、アメリカが中華帝国の書いたシナリオどおりに動かなかったことを、中国の一般人は知らされなかった。中国政府が、アメリカは中国の正当な怒りの前に伏して謝罪したと伝えたからだ。

中国共産党は、自らの利益になると見れば、国民の対欧米劣等感や羨望、反感の煽動をためらわない。二〇〇一年九月十一日、世界貿易センターのツインタワーが倒壊したとき、アメリカ人は世界の人々が同情してくれるものと思っていた。しかし、この事件に対する多くの中国人の反応は「冷笑」だった。国営テレビは、このテロを題材に三十分のドキュメンタリー番組を制作したが、これは他人の不幸をあざ笑う快感に満ちた番組だった。また、主に若者の領域であるインターネットのサイトも、「いい気味だ」という調子の書き込みや、アメリカへのさらなるテロ攻撃支持の書き込みがあふれた。国際的イメージダウンを恐れた共産党中央宣伝部が、緊急措置として悪意に満ちたサイトを強制的に閉鎖したほどだ。十年以上にもわたって続けた激しい反米プロパガンダが、確実に実を結んでいる証しだ。中国人の多く、特に二十代以下の若者は、無条件にアメリカを敵だと思い込むように刷り込まれている。

さまざまな事態に対する中国の反応に驚かされたのは、これが初めてではない。一九九一年、ソ連が崩壊すると、アメリカ人は中国も同じ道をたどるだろうと期待した。だが、二千年の歴史を持つ覇権国の継承者たちは、ずっと厳しく冷酷な目で新しい世界情勢を見つめていた。鄧小平は、事実上同盟関係にあったアメリカとの関係を解消し、あまつさえ、一九九一年九月、唯一残った超大国との「新しい冷戦」が始まるだろうと宣言した。これにはワシントンの人々の多くが肝をつぶし、あわてふためいた。

中国中央宣伝部と同様、アメリカ政府も緊急の対応に追われた。アメリカの天安門事件批判に機嫌を損ねた鄧小平が突発的に敵対的な発言をしただけで、何も気にする必要はないと慰撫する政府関係者もあった。言葉の上だけの過剰反応の類いだと私に語った人物もいる。また、この発言がアメリカ人の記憶から早く消えてなくなるよう、ひたすら無視するよう努める者もいた。

だが、ツインタワー崩壊は、結果的に米中関係の不可思議な改善をもたらした。中国の脅威は長期的対応を要するものだが、アルカイダがアメリカの中枢部を繰り返してテロ攻撃する危険性はもっと差し迫っていた。ブッシュ政権は、「テロとの戦争」の遂行と「悪の枢軸」転覆に精力を傾けるために、「戦略上のライバル」と呼んでいた国と協力する必要があると考えたのだ。だが、中国から得られた協力はささやかなものだった。その内容といえば、まず中国西部の国境付近に米軍が大々的に展開するのを容認し、次にアメリカ支援を渋るパキスタンに対して確実にアメリカの計画に協力させ、さらに、アメリカが北朝鮮の核兵器問題に取り組めるよう段取りをつけることだった。

それでも、これによってアメリカにおける中国株は大いに上がった。中国政府はこの機会を最大限に利用して、反米姿勢を緩め、テロとの戦いのための情報収集協力に同意した。それによって中国自身、貴重な情報の入手に成功する。いちばんの収穫は、新疆《シンチアン》に拠点を置く、それまで無名だった中国人イスラム教徒グループをテロ組織と認定させ、ウイグル族分離主義者を逮捕、拷問し、ときに処刑する口実を得たことだ。また、その一方で中国は、台湾海峡における大規模な軍備増強を密かに続けた。他に難問を多く抱えるアメリカとの関係を損なうことはないと確信してのことだ。

共産党幹部に根強いアメリカへの怨念

このところの米中関係の改善は、双方にとってたまたま好都合だっただけの便宜的なもので、全面的な改善ではない。そうでなければ、価値観も制度もまったく違う国どうしが友好関係を結べるはずがない。自由社会とテロリスト・グループとの戦いで、中国は一応、秩序ある自由社会の側についた。だが、中華人民共和国は自由の味方ではない。過去には多くのテロ国家を支援してきている。

胡錦涛は、選挙で中国の指導者に選ばれたのではない。だから、民主的な選挙を経て大統領になったジョージ・W・ブッシュより、テロリスト・グループのリーダーを自任するオサマ・ビン・ラディンに似ている。アルカイダは、理想とするイスラム国家建設の障害になる人間はすべて殺害する。中国共産党も、党による国家と人民の支配とを脅かす人間はすべて抹殺するか投獄する。どちらも、自分たちの行為を釈明する義務を持たない。ロス・テリル（ハーバード大学教授）が、「中国国家は、非道なテロによってもたらされる無政府状態を憎みながらも、実は同時に自らも準テロ国家である。だから、中国政府が、反テロリズムを推進するブッシュのパートナーとなったのは非常に奇妙なことである」と疑義を呈したのも当然だろう。

こうした現実を無視しようとしても、現実そのものが遅かれ早かれ目の前に立ちはだかる。サッサー大使もそうだったが、中国の若者たちの嘲笑を受ければ、共産党幹部が世界の覇権をめぐるアメリカとの長い争いに取り組んでいることを思い出さざるを得ないのだ。党幹部は、まるで先祖返りが起こったように、偉大なる漢民族による覇権を夢見る。そして、中国が過去の栄光を取り戻す際に最大の障害となるのは、アメリカだと考えている。共産党中央軍事委員会副主席、遅浩田《チハオチアン》上将も、アメリカを現在の地位から退けるべきだと言ってはばからない一人だ。「世界情勢の変化と、一極集中体制を築こうとしているアメリカの覇権的戦略を鑑みれば、(中国とアメリカの)戦争は不可避だ」。一九九九年十二月、こう発言している。

だが、戦争が不可避だとしても、今すぐにというわけではない。アメリカを足元にひれ伏せさせようと大漢民族主義者たちがどれほど望んでも、中国がさらに力をつけ、同時にアメリカの力が弱くならない限り、直接対決が起こる可能性は低い。

中国の国家戦略を研究する人々が今いちばん熱心に支持しているのは、エール大学のポール・ケネディが数年前に打ち出した理論だ。それは、アメリカが「膨張しすぎた帝国」状態にあり、国際社会で果たす役割を縮小しなければ破綻するというものだ。これは欧米ではすでに時代遅れの考え方だが、中国の戦略立案者たちは、政治指導者たちの求めもあって、「アメリカは、能力の限界を超えて拡大したために滅亡していった中国の王朝に似ており、近い将来、アジアの同盟国を見捨て、アジアから撤退せざるを得ないだろう」と論じている。

言い換えれば、共産党中国は少ない負担で覇権を手に入れられると信じているのだ。中国の指導者は、アメリカの戦略的優位を解消する程度にミサイル配備を増強し、周りの小国を圧倒する程度に通常兵力を整備するだけで、やがてはアメリカが撤退し、労せずして自国勢力が拡大し、アメリカの後釜にすわることができると信じている。

だが、この考え方は間違っている。今日の中国経済は日々成長しているものの、二十年前のソ連経済と同様、アメリカ経済に比べてはるかに規模が小さく、アメリカといつまでも軍拡競争を続けるほどの力はない。さらには経済成長が永遠に続く保証もない。経済政策を誤れば、景気後退、あるいはもっと深刻な事態に陥る可能性がある。そうなれば、増大した軍事予算の縮小を強いられるだろう。

現中国指導部は、アメリカの軍事力への対抗が、経済的にも政治的にも「危険な賭け」であることをよく心得ている。ソ連崩壊が異常にふくらみすぎた軍事費のせいであるという彼らの判断は正しい。しかも、彼らは、ソ連が莫大な軍事費をつぎ込んだために破産状態に追い込まれたのは、アメリカの欺瞞戦略にはまったからだと思い込んでいる。中国共産党幹部は、アメリカに対する怨恨がどれほど深くても、ソ連と同じ轍《てつ》を踏むまいと固く決意しているのだ。

第一章

中華帝国復権の野望

中国は、自国の成し遂げたことを誇りに思い、他国のことはただ蔑むばかりだった。こうした態度が習性となり、それはまったく当然とされていた。

（孫文『孫中山選集』第三巻）

●――覇権を渇望する中国指導者

「覇権国の役割」という概念は、中国の国家意識に固有のものとして深く刻み込まれ、中国の使命感に深くかかわっている。また、他の国に覇権を譲るまいとする決意は、ほかならぬアジアの覇権国だった帝政中国の歴史と、他の民族の文化に対する不変の優越感に強く根ざしている。

覇権の概念はいみじくも、中国人自身によって現代の国際外交の舞台に紹介された。それは一九七一年のことだ。ヘンリー・キッシンジャー国務長官が極秘裡に北京を訪問した際、中国人通訳がヘゲモニー（hegemony＝覇権）という聞き慣れない英単語を使うのを聞いて、アメリカ人たちはあわてて辞書のページを繰った。辞書に載っていた定義は「権力の中心あるいは枢軸」、または「ある一国が他の国に対して行使する指揮・指導権、支配的な影響力」だった。だが、これらの定義はいずれも、中国語の覇《バー》の概念に危険な意味合いが含まれていることを伝えきってはいない。覇とは、二千八百年前に中国の兵法家たちが生み出した、あからさまな権力のみに頼る政治秩序のことだ。覇の思想はその後六世紀にわたって進化を続け、「覇」のもとでは、国民と資源全体の支配権はその国の覇者、つまり覇王《パーワン》が一手に握るのが当然とされた。一方、覇王は、その力を用いて世界のすべての国に対する覇権を確立すべきものとされた。平たく言えば、古代中国の戦略家たちは、全体主義思想なるものを、レーニンがそれを西洋に紹介する二千年も前に発明していたのだと言えよう。その目的は、「超・超大国」とでも言うべき政治状態を実現させることにあった。

全体主義は、現代世界史ではすでによく知られた概念だが、覇権主義は、それとはいくぶん趣が異なる考え方だ。その対外政策の最大の目標は、まず周辺地域を完全に支配下におさめ、その支配を徐々に広げて最終的に世界全体を支配するというもので、これは西洋にはない考え方だ。民主主義では、平和で友好的な関係があたりまえであり、国家間の紛争は交渉や条約で解決すべきものと考える。しかし覇権主義では、全体主義が前面に押し出されるのが当然であり、領土問題などは、武力で解決されるのがあたりまえとされるのだ。

一九七〇年代から八〇年代を通じ、中国は、飽くことなく、ソ連が「覇権主義的」野心を持っていると非難し続けた。ソ連が崩壊すると今度は矛先をアメリカ合衆国に向け、アメリカが「覇権を求めている」と繰り返し辛辣に非難した。だが実は、このような非難はすべて、フロイトの、いわゆる「投射」の政治的な現われだった。というのも、中国の指導者たち自身が明らかに「覇権国」の称号を切望しているからである。

国家を擬装する中華文明

古くから連綿と変わらない中国人の世界観では、混沌と無秩序を避けるには、覇権国一国の周囲を属国や進貢国で固めるしかない。そして、覇権国となるべき国は、その歴史と文化の両面から見て、中国をおいてほかにはない。「覇権国」に固執する中国人は、中国人に課せられた明白な運命説を懐いているのだ。

二千年以上の間、中国人は、「地理的にも地政的にも中国が世界の中心である」と考えてきた。そうした考え方を中国人が初めて帝国として形にしたときから、彼らは自分たちの国を「中国《ヂヨングオ》（中心の王国）」、また、もっと露骨に「天下《テイエンシヤ》（空の下にあるすべて）」とも呼んでいた。彼らは中国の皇帝が世界で唯一の正統な政治権力者だと信じ、自分たち中国人こそが最高の文明人だと考えていたのだ。この中華思想は、中国が匈奴《きようど》や蒙古人、女真《じよしん》族、満州族などに侵攻され征服されたにもかかわらず、けっして消滅することがなかった。というのも、中国人は常に、洗練された組織を持たず文化的にも劣っていた征服者を、一世代か二世代のうちに懐柔したり同化させたりしてきたからだ。

元来、中華思想とは、自分勝手な作り話や浅はかな盲信とはまったく異なり、しっかりと現実に根ざしたものだ。長い歴史をひもとくと、中華帝国はほとんどの時代、疑いもなく、最高なるものの集合体だった。世界最大の版図、最多の人口、最も生産性の高い経済、最強の軍隊、そしてどんな軍事分野においても最も進歩した科学技術を誇っていた。中華帝国の支配は野心のおもむくままとどまるところを知らず、敵国の勢力や競合国の軍事力には左右されなかった。

文化的優越意識の強い中国人たちは、国境付近に住む統率されざる異民族を、あらゆる面で劣等な輩《やから》と見なしていた。中華帝国は、領土拡大に積極的な皇帝たちのもとで、早馬が情報伝達速度の限界だった時代に、一つの中心地から統率可能の限界まで、あっという間に版図を拡大していった。中国で栄えた主な王朝の領土と比べると、おそらく最盛期のローマ帝国を別にすれば、同じ時代の他の帝国の人口ならびに領土の広さは貧相に見えたことだろう。

中国の広大な支配地域は、清朝（一六四四～一九一一年）中期には現在の極東ロシアから西方へ向かって南シベリアを横断し、バルハシ湖を経て現在のカザフスタン領内に及び、そこから南東方向にヒマラヤ山脈沿いにインド洋に達し、さらに東に抜けてラオスからベトナム北部にまで及んでいた。清朝の影響力はさらにその外側にまで広がり、韓国、チベット、ネパール、ビルマ、タイ、インドネシアの一部などを属国や進貢国として従えていた。

中華帝国は宗主国としてこれらの属国に貢物を献上させ、不平等な条件を押し付け、属国の領主の忠誠を強要した。属国になることを拒んだ国は敵と見なし、しかるべく扱った。中華帝国にしてみれば、近隣諸国は地理的な意味しかなかった。アメリカ外交政策研究所のロス・マンローが指摘するとおり、中国はいまだに「近隣諸国」を、中国の覇権を認める属国と、それを認めない仮想敵国という二つのカテゴリーに分類しているように見える。今日の中国政府も、対外関係では相手が対等な立場ではなく、中国は一段上と認めることを求めている。

というのも、中国政府が治めているのは単なる国民国家ではなく（国家に見せかけてはいるが）、世界全体を包摂する一文明だからだ。マサチューセッツ工科大学のルシアン・パイ名誉教授は、これを「国家を擬装する文明」と呼んでいる。

●——度しがたき人種差別意識の系譜

中国の高級官僚は、自国民を見下すくらいだから、中国文明の強烈な影響さえ受けていない外国人にいたってはほとんど人間扱いしなかった。中国人の世界観では、人間は対極的な区別しかされない。「中国化された人々（中国人または中華人）」と「中国化されていない人々（野蛮人または夷《い》）」との区別だ。

中国化されていない人々、つまりは中国流の話し方や服装、習慣や考え方を取り入れていない野蛮人は、しばしば動物にたとえられた。キリストが生きていた時代に書かれた『山海経《せんがいきよう》』は、清《しん》の時代になっても引用されていたが、西方民族を人面蛇身、南方の民族は、顔も身体も人間だが鳥のように翼とくちばしを持った姿に描いている。明《みん》の嘉靖《かせい》帝も南の国境地帯にいる中国化されていない民族に対して、「夷狄《いてき》は鳥や獣と同じく人の徳を持たない」と、同じように侮蔑的な見方をしている。北方の異民族に対しても同様で、七世紀、太宗《たいそう》に仕えた宰相らは「匈奴（フン族のこと）は人の顔をしているが心は獣で、我々とは異なり……もともと恩や義の感覚がない」と言っている。ある程度までしか中国化されなかった日本人は「倭人《わじん》（矮小人）」

と呼ばれた。

ヨーロッパ人が中国にやってくるようになると、やはり同じように侮蔑的な言葉で形容された。初めは獣にたとえられたが、やがてその軍事力や科学技術力があなどれないとわかると、今度は魔神にたとえられるようになった。

一九七九年に初めて、とある中国の村を訪れたとき、私がそばに近づくと、村人たちはしばしば「鬼老《クワイロウ》だぞ」という言葉を口にした。これを報告された地元の共産党書記は、私に「彼らは教養のレベルがとても低いので」と言って赦《ゆる》しを求めたのだが、これはずいぶん皮肉な話だ。中国のエリートたちも、表面には出さないだけでいまだに人種差別意識を持っている。ただ「教養がある」ので、外国人と同席してもそれを口にしたりはしないだけだ。ハーバード大学教授も務めた中国の歴史研究家、楊聯陞は、「その社会が成立して間もないうちに生まれた人種差別意識は、取り除くのが特に困難である」と述べている。

海路、初めて中国にやってきたヨーロッパ人は、ポルトガル人だった。すでに一五五七年にはマカオにポルトガルの入植地ができていた。次いでスペイン人やオランダ人、イギリス人がやってくる。繁栄を極めるこの巨大な帝国との貿易が目当てだった。だが、明代（一三六八〜一六四四年）でも、それに続く清の時代になっても、中華帝国が海外商人に認めたのは、ごく限られた貿易取引だけだった。取引場所として開かれたのは広東省の省都広州ただ一カ所に限られ、それも貿易が行なえる時期は明確に限定されていた。

ヨーロッパ各国は、このように不自由で屈辱的な待遇に何度も抗議し、使節を派遣して、自由貿易と北京に自国の外交代表部を開設することを求めてきたが、埒《らち》が明かない。中華帝国にとってヨーロッパとの交易などものの数にも入らず、また、国と国との正式な外交関係を結ぶなど言語道断である。したがって清朝前期の皇帝とその廷臣たちにしてみれば、対等な立場を原則として「西洋から来た野蛮人」を遇すべき、との申し入れに屈辱を覚えたのだ。その返礼として、清朝がこの図々しい西洋人をいかに低く見ているかを思い知らせるために、彼らとの行政上の問題や通商交渉の担当には、一介の地方役人に過ぎない広東省と広西省の総督が当てられた。

清帝国の力が強大であるうちは、ずっとこの状況が続いた。しかし、十八世紀末には清朝の衰退が明らかとなり、続く数十年間で政府機能はいっそう低下し、統制力が衰え、政治腐敗が蔓延した。一方、西洋諸国は、工業化と科学の進歩によってますます力をつけていった。中国の優位性は現実性のない誤った通念に変わっていた。

李鴻章を詰問した伊藤博文の「正論」

清朝が、ますます強力になっていくイギリスを始めとする西洋諸国の力を正当に判断できなかったのは、もはや絵空事でしかない中国の優位性を夜郎自大に過信していたためである。しかも、その絵空事は、皇帝におもねる役人たちが事実を都合よく歪曲した「正史」のおかげで、後世まで記録として残ることとなる。ある歴史書には、一八〇四年、ジョージ三世が嘉慶《かけい》帝に貢物を献上し、イギリスが事実上の進貢国になったという記述がある。これはまったく事実無根のでっち上げで、中国の優位という揺るぎない信念が生み出したまことしやかな嘘だった。

この嘘が露見するのは、それから三十五年後のことだ。「卑しい進貢国」であるはずのイギリスが大規模な海軍を送り込んできたのだから、清王朝は肝をつぶした。この有名な第一次アヘン戦争（一八三九～四二年）に続き、一八五六年から一八六〇年には第二次アヘン戦争が起こる。その結果として結ばれた「不平等条約」によって、中国はヨーロッパ列強の植民地も同然となってしまった。条約によって開かれた港には西洋の軍隊が駐留し、西洋の軍艦が川を往来した。中国が完全な国土分割を免れた原因はただ一つ、アメリカの発した門戸開放宣言によって、他の列強による経済独占地帯の形成が阻まれたためであった。

屈辱は、それだけでは終わらなかった。一八九五年、日清戦争に勝利した日本が、朝鮮と遼《りょう》東《とう》半島の支配権を手中にした。明治時代の日本は、西洋の思想や新技術の導入に励んで国力を養っていたのだ。一方、中国はそれらの導入には消極的で、国力は衰退の度を増していた。

清朝政府の高官で、国力増強運動の中心人物でもあった李鴻章《りこうしょう》が、和平条約の締結交渉のために下関に派遣されるや、戦勝国日本の代表の伊藤博文伯爵は、中国は傲慢で嘘つきであり、国際社会に非協力的だと批判している。

「なぜあなたがたは、中国以外のすべての国が受け入れている原則を認めないのか」。伊藤は李に威丈高に問い質した。

「臣（李のこと）が天子（皇帝）に変革を提案するがごときは、我が国ではたいそう難しい」。

これが李鴻章の答えだった。

「賢明なる皇帝陛下」は「かかる変革が必要である」ことを間違いなく理解されるはずだ、と伊藤は言ったが、「いかなる変化にも時間が必要であろう」。李はそう言い返した。

李鴻章は李鴻章で、人種問題を切り札に使うべく、「今こそ我々黄色人種は、白人の侵略にともに備えるべきではありませんか！」と言った。だが、伊藤はこの反西洋同盟の提案をはねつけた。「私は、貴国の若者たちに、もっとヨーロッパの事物について学ばせた方がよろしいと思いますが」。

だが中国は、自国が劣等と見なした民族、日本人の忠告を受け入れようとはしなかった。中国研究者、S・C・M・ペインは、「中国が国内問題を山ほど抱えていた同時期に日本が成功している姿に接しても、中国には、それが混乱から抜け出すための手本どころか、またまた中国人の『面子をつぶす』動きと映ったのである」と述べている。

これらの動向を見て、中国人が、西洋や日本に対してどれほど腹に据えかねる思いを抱いているかを理解するのは、彼ら自身でないかぎり難しい。アヘン戦争で、二度にわたって外国の砲艦に打ち破られたというような単純な問題ではない。麻薬密輸団に敗北を喫したことはおそらくないにしても、中国にも敗戦の経験はある。同様に、欧米諸国の影響で、日本などの近隣の国だけでなく中国国内ですら、優れた儒教文化がすたれてしまったことを嘆いているのでもない。たとえこうした事態が、先の問題ですでに傷ついた中国のプライドの核心まで侵したとしても、中国は、有史以来ほとんど常に（文化、経済、軍事など、あらゆる面において）、「世界」に君臨してきた。現代の超大国などとは比べものにならないほどの、まさしく覇権国だったのだ。王朝が次々に代わっても、中国は二千年以上にわたってそのような覇権国であり続けてきた。ところが、西洋の列強と日本によってこの絶頂から引きずり下ろされ、国土が各国の勢力下に分割されて、一部は植民地として山分けにされてしまった。

毛沢東は、中華人民共和国建国を宣言したとき、「中国は立ち上がった」のであり、疲れきっているとはいえ、もはや中国が西洋に食いものにされるようなことは絶対にないと語った。毛の被害者意識は凄まじいもので、ソ連の経済援助が引き続きどうしても必要だったにもかかわらず、中国にソ連の海軍基地を造るというフルシチョフの取引をはねつけた。ソ連の指導者は、アメリカの同盟国はアメリカ海軍の基地使用を認めているではないか、と文句を言いつづけたが、毛は譲らなかった。毛沢東は、中国の領海内に外国の軍艦が配備されることは断じてなく、かつての貿易港にまつわる屈辱的な経験は過去のものだと宣言したのだ。

中国の公立学校では、栄えある革命の歴史とともに、かつての王朝の繁栄についても、さらには国全体が屈辱に甘んじていた暗い時代のことも教育される。とくに注目すべきは、士官学校でも同様の歴史教育が施されることだ。このような教育を受ければ、人間は、虚実を問わず、些細なことにも身が切られる思いをするほど神経過敏になる。

米国務長官ウォーレン・クリストファーは、一九九四年の訪中の際に飼い犬を連れていったのだが、それが中国の官僚たちの怒りを買ったという。なぜなら、それが百年も前、上海の租界地で公園の入口に掲げられていた看板の記憶をよみがえらせたからだ。看板には「犬と中国人は立ち入り禁止」と書いてあったのだ。

中国人はみな、いまだに中国の権威の失墜を無意識のうちに恥ととらえている。「失われた面目」は、国際社会のなかに居場所を確保しただけでは取り戻せない。中国がその遺恨を晴らすには、単に他の国と外交上同等になるだけでは不十分だ。中国政府はすでに対等な地位を享受している。それだけではなく、地政戦略上、世界を実質支配することが不可欠なのだ。その第一歩は、香港のユニオン・ジャックを降ろすことだった。アヘン戦争でイギリス人から受けた苦渋に満ちた屈辱の清算である。

だが、完全に恥辱を晴らす方法はたった一つしかない。中華帝国が、再び本来就くべき地位、すなわち、世界の中心に座ることだ。

●超大国をなぜ平然と見下せるのか

中国共産党の指導者たちが、傲慢な「兄貴分」であるソ連に逆らったのは、海軍基地の問題だけにとどまらなかった。中国の指導者たちは、ソ連とイデオロギーを共にしてはいても、以来ずっと兄貴分として見下されることを懸念していた。中国とソ連とは一見すれば「兄弟」関係とよく似た同盟関係を結んでいたが、中国は、自らの政治モデルの優位性を執拗に主張するソ連を次第に疎んずるようになっていった。中ソ関係が決裂すると、ソ連のイメージは昔ながらの「餓国（飢えた国）」に戻り、中国は、かつて北狄を蔑みの目で見ていたように、再び公然とソ連を見下すようになった。

中国は、ソ連の覇権に挑むために、便宜的にアメリカとの協調を求めた。イデオロギー的に対立するアメリカを、中国は、弱体化しつつある大国と見なしていた（その見方は現在も変わっていない）。この疑似同盟関係は、正式に承認されることなく七〇年代の初めから八〇年代の終わりまで続いたが、突然発生した三つの致命的な事件を契機に解消されてしまった。

最初で最大の事件は、思いもかけなかったソ連の崩壊である。疑似同盟国の共通の敵が消滅し、米中関係を支えていた戦略基盤が失われた。二つ目は天安門広場で行なわれた「民主化デモ」だ。流血の惨事に終わったこのデモによって、中国の指導者たちは、若者を無批判にアメリカ民主主義の理想の誘惑にさらすことがいかに危険であるかを思い知った。そして三つ目は、一九九一年の湾岸戦争で、アメリカがほとんど無血で勝利をおさめたことだ。米軍の世界各地への展開力に対抗できる国はなく、加えて他の諸国がその技術力の高さに遠く及ばないことをも見せつけられた。

ソ連の覇権を受け入れようとはしなかった中国は――明らかに自国は偉大だという自負心に突き動かされてソ連の覇権をはねつけた中国は――アメリカを世界のリーダーと認めることも同じように拒否した。これも同じく中国人特有の自負心がなせる業だ。

九〇年代初め以降、中国は、その思惑を決して隠そうとはしない。国家統制を受けた報道機関のアメリカ批判は、いまや「危険な敵」、「横暴な超大国」、はては「ナチス・ドイツに劣らぬ覇権国」と過激化していった。もっと端的に言うなら、人民解放軍が軍事演習で仮想敵国に選ぶのは今やアメリカであるということだ。二〇〇〇年春、中国は台湾に対して、台湾と中国本土との「統一」には武力行使も辞さないと脅しをかけた後、人民解放軍の機関紙上で、もしアメリカが台湾を救援するなら、アメリカに対して長距離ミサイルを使用する用意があると警告した。

中国が最近までアジアにおけるアメリカの役割を評価しつづけてきたのは、ただ地域の安定化の手段としてだけだ。そのためには在日米軍もあながち迷惑な存在ではなかった。米軍がいれば日本の軍事力は強力にならないと考えていたからだ。米軍が日本から撤退して、日本が軍事力増強を急ぎ、再び軍事大国となることを、中国政府は戦後何十年もの間恐れてきた。だが、九〇年代半ばからは、深刻な不況による日本経済の低迷と、中国自身のアジア大陸への影響力が急速に強まったことから、アジア地域への自国の支配力について確信を増し、米軍のアジア駐留に対する批判を一段と強化してきた。

中国人が、アメリカは「覇権を求めている」と容赦なく、しかもあまりに強い言葉で非難するので、情勢分析の専門家の大多数は、中国語の「覇」は非難するときしか使われないと結論付けたほどである。だが、それはまったくの誤りで、中国の戦略家の視点から見れば、覇権国の存在は、実は自然な、むしろ望ましい状態なのだ。覇権国体制が初めてできあがった春秋《しゅんじゅう》時代（紀元前七七二〜四八一年）以降、「覇」によって周囲の国々が一つの国家に吸収されるにつれ、中国には徐々に安定と秩序と力の均衡とが生まれた。戦略上の要衝が大小の国に分割されていることは望ましくない。不安定と混沌につながるからだ。中国がその長い歴史から学んだことは、多くの国が並び立つ時代は混乱と無秩序の時代であり、統一の時代は安定と秩序の時代だということ、つまり、中国には覇権国が必要だということだった。

中国が混沌を恐れ、統一を好むことはよく知られている。だが、中国がその五千年の自国の歴史をより広大な現代の世界にあてはめて、同じ結論、すなわち、世界も覇権国を必要としているという考えに至っているという点はあまりよく理解されていない。別の言い方をすれば、中国の戦略家から見れば、力の均衡を図る政策はもともと不安定なものなのだ。民族の誇り、自らの文化の優越意識、長い歴史、そのいずれもが中国人に、中国とその統治者には覇権国の責務が当然ついてまわると告げるのだ。

したがって、中国に「介入」すべきか、それとも中国を「封じ込め」るべきかという、現在のアメリカの対中政策論争は、肝腎要の論点を欠くことになる。中国人から見れば、アジアにおけるアメリカのプレゼンスそのものや、十万人規模のアジア駐留軍の維持、日本や韓国との同盟、網の目のような基地の配置によって、すでに中国は「封じ込め」られている。アメリカ自身、世界一の超大国になることを望まなかったにもかかわらず、第二次世界大戦後、アメリカにグローバルな役割がおのずとのしかかり、しかもその役割が突然の冷戦での勝利によって強化されたのだとすれば、中国を取り巻く現在の状況は、失われた栄光を取り戻したいと願っている中国人にとっては耐え難いものとなる。

アメリカの幸運は神の思し召しだという発想はアメリカ人には珍しくもないが、中国人には理解しにくい。同様に、アメリカ人が描く指導者の理想像を理解するのも中国人には難しい。

例えば、自分を王に担ぎ上げようという動きを意に介さなかったジョージ・ワシントンの無頓着さは、普通の中国人にとっては不可解だ。ワシントンは、権力を求めるときには求めていないふりをせよ、という「孫子の兵法」に従って、実は王になることをずっと画策していたに違いない、と彼らは断定する。

アメリカが世界で果たす指導的役割に対して中国が展開する批判の行間を読めば、野望を打ち砕かれた者のねたみや反感が見て取れる。中国共産党の機関紙『人民日報』によれば、「アメリカの戦略目標は全世界の覇権を奪取することであり、ヨーロッパおよびアジア大陸に自分たちの指導的立場を脅かそうとする大国が出現することは一切容認できない」のだ。この文章の、「アジア大陸」に「出現」し、アメリカの「指導的立場」を引き継ごうとしている「大国」が中国であることは誰も疑わない。

防衛白書で露見した最終戦略目標

中国が覇権を得ることが不可避であるという信念は、単に戦略レベル程度のものではなく、もっと深いところに根ざしている。この信念が、現在の「パックス・アメリカーナ（アメリカによる平和）」に異議を唱え、この体制を弱体化しようとする動機になっている。カーター大統領の国家安全保障問題担当補佐官を務め、一九七九年の米中国交樹立に重要な役割を果たしたズビグニュー・ブレジンスキーは、「中国の政策課題は、孫子の兵法の戦略的英知にのっとり、平和裡に、アメリカの力をもってアメリカの覇権を制することだ」と考えている。

孫子は、すべての戦略は欺瞞の上に成り立っているとも言っており、中国人は普通、最終的な狙いが何か、はっきりさせない。その例外が『中国国防白書』だ。これは、アメリカから戦略の「透明性」の拡大を求められた中国政府が、それに応じるかたちでまとめた白書だ。この発表を歓迎し、中国政府もついにアメリカの要求に従ってその野望を明らかにしたのだと喜んだ向きもいたが、そのような人たちは細心の注意を払いながらこの白書を読むといい。アメリカの支配に対する反感と、中国の世界的規模の野望とがはっきりと伝わってくるからだ。

白書の冒頭には、二十一世紀に向けた中国の主張が掲げられている。「人類は二十一世紀の歴史の扉を開こうとしている。中国政府と中国人民は、世界が、平和で安定した豊かな新世紀へと導かれることを切に望む」。次節には「国際安全保障の現状」という見出しで、「世界及び個別地域の不安定要因」が、中国に対する将来の脅威として列挙されている。

一、覇権主義と武力外交とは、引き続き世界の平和と安定を脅かす原因である。

二、冷戦時代と変わらぬ精神構造とその影響力がいまだに残っており、軍事ブロックの拡大と軍事同盟の強化は、国際社会の安全保障に不安定要因を加えるものである。

三、軍事的優位を笠に着て他国を威嚇し、武力介入さえ辞さない国がある。

四、不平等で不合理な国際経済秩序の旧弊が、開発途上国の利益を損ねている。

五、民族問題や宗教対立、領土問題、天然資源などをめぐる地域紛争が各地に発生し、国家間の歴史的な問題が未解決のまま残されている。

六、テロ、武器の拡散、麻薬の密輸取引・密売、環境汚染、大量難民の多発など、一国の利害を超えた問題も、国際社会の安全保障の新たな脅威となっている。

遠回しにほのめかしているだけだが、第一項の「安定を脅かす原因」とは、辛辣な「パックス・アメリカーナ」批判だ。これを平たく言い換えれば、アメリカの政治、経済、軍事の面での優位（「覇権」）が、アメリカ政府がその力を進んで使おうとする姿勢（「武力外交」）と相まって、中国の安全確保（「世界の平和と安定」）を脅かしている、となる。

第二項は、それとなくNATO（北大西洋条約機構）の拡大と日米防衛協力の強化に触れたもので、中国はどちらをも警戒している。一九九七年四月、中国は、ロシアとともに、ポーランド、ハンガリー、チェコの加盟によるNATO拡大は「覇権主義」（他には何とも言いようがない）だと非難し、「容認できない」と宣言した。また、一九九六年初めに日米軍事協力の対象地域が、「極東」から、より広い地域を意味する「アジア太平洋地域」に修正されると、中国はさらに激しい抗議の声を上げた。

この二つの懸念を並べて見れば、中国が、強化された日米安全保障条約を、単純に直接的な脅威ととらえているだけではないことがわかる。ブレジンスキーの言葉を借りれば、中国はこれを「中国封じ込めを狙う、アメリカ主導によるアジアの安全保障体制への第一歩（冷戦時のNATOのなかでドイツが果たしたような中心的役割を日本が担うことになる）」とも見なしている。この日米合意は、明言されてはいないものの、台湾を日米安全保障条約体制下に置くものだというのが、中国政府関係者の大方の受け取り方だった。そこで白書では、「いかなる国や軍事同盟にあっても、直接間接を問わず、台湾海峡を、その安全保障と軍事協力の対象地域内に置くことは、我が国の主権に対する侵害と内政への干渉である」という批判が続く。「軍事威嚇」「武力介入」と第三項で呼ばれているのは、一九九六年に起こった台湾海峡のミサイル危機のことだ。このとき、アメリカ政府は、中国が台湾にミサイルの照準を合わせ続ければ「深刻な事態を招く」と警告し、二空母戦闘群を台湾防衛のために派遣した。

第四項には、アメリカが牛耳る経済秩序や国際通貨基金（ＩＭＦ）、世界銀行、世界貿易機構（ＷＴＯ）などの機関に対する中国の不満が現われている。貿易にいろいろな制限を課していたのが災いして、中国は二〇〇一年までＷＴＯ加盟を認められなかった。

だが、アジアで多くの国が景気の急激な落ち込みに苦しみ、ＩＭＦの金融引き締め政策に憤慨し、世界銀行からの債務返済不能を恐れていた時期に、既存の経済秩序を「旧弊」「不平等で不合理」と決めつけたことから、アジアにおける中国の評価は高まった。中国のこうした批判は、自らを第三世界の擁護者として位置づけようとする断続的な努力の一環であり、人民元通貨圏を形成するための努力の第一歩と言えるかもしれない。

この白書の眼目は非常に明白だ。中国から見れば、自国の安全保障上の主な脅威はすべて、今の世界がアメリカの独壇場であることから生まれる。当然のことながら中国政府は、アメリカ中心の国際秩序が続くことは中国の国益に添わないと信じ、中国の関心事には地域問題だけでなく世界規模の問題も含まれることを明示するとともに、すでに引用された鄧小平の言葉どおり、中国の目的は「国際的な政治経済の新しい秩序の形成である」と暗示している。

ブレジンスキーの現状への読みは秀逸なのでそのまま引用すれば、中国の「主要目的」は、「アジアで主導権を握る中国がアメリカの同盟国として必要になる程度まで、そして最終的には世界の大国中国がアメリカとの共同管理者になることさえもが必要となる程度にまで、アメリカの地域影響力を弱めること」だ。前述の白書などを見れば、まさにブレジンスキーが主張するとおり、中国の地政戦略が、さしあたり「アメリカのアジアにおける地域影響力を弱めること」を目指すという証拠はあり余るほどある。だが、中国の地政戦略の最終目標が、世界を米中二国で共同管理することではないかとの示唆は、ブレジンスキーのはかない祈りを表わしているに過ぎない。

中国が最終的に目指しているのは、勢力をふるう覇権国と同盟関係になることではなく、自らがその後継者となることだ。ブレジンスキーはほかのところではこう述べている。「(アメリカは)ただ単にその存在自体と存在する場所によって、その意図にかかわりなく中国の敵国になる」。

アメリカと中国との関係を難しいものにするのは、不適切な時に不適切な場所に展開するアメリカ海軍の第七艦隊だけが原因なのだろうか。多くの中国指導者が、そうではないと言うだろう。彼らはとっくに、アメリカが中国の復権を意図的に妨害していると確信しているからだ。彼らにしてみれば、アメリカは、中国に「平和的な変革」を余儀なくさせ、自国を民主国家に変えさせようとしている。事あるごとにアメリカは中国の人権記録を要求し、ひっきりなしに経済制裁をちらつかせ、自由アジア放送というラジオ局をつくって反乱を扇動する。アメリカは台湾関係法案を可決し、「背教省」に武器を売りつけている。さらに香港政策法案を可決し、訪米した香港の民主化運動の指導者、マーティン・リー（李柱銘）は、連邦議会議員の熱烈な歓迎を受けた。このような動きはすべて、すでに十分激化したアメリカへの反感にますます火をつけることになる。

独裁指導者ゆえに誰にも止められない

中国ではわずか一世紀前、清朝の帝都が「西洋の野蛮人」に蹂躙《じゅうりん》されたことは、小学生でもみな知っている。だから「西洋化」は、西洋人の、いわゆる「無知ゆえに破滅すること」と同じ意味となる。したがって過去のこの種の侵略に対する復讐は正当化されると考える中国人がいるのは当然である。軍事科学院の元副院長だった糜振玉中将は、最近書いた文章のなかで中国指導部を代弁してこう述べている。「(アメリカに関して言えば) 報復意図は、しばらく胸におさめておき、絶対に表に現わしてはならない。……能力を隠し、好機が訪れるのを待つのだ」。

中国政府は、継続する米軍のアジア駐留はたまたま起きた不幸な出来事であり、また現在の時代にそぐわないものでもあって、中国の勢力圏内に当然おさまるべき地域を百五十年にわたって西洋が支配した時代の終焉を告げるものだ、との見方をしている。中国上層部のほとんどは、中国がほぼ二千年にわたって享有したアジアの広大な地域に及ぶ覇権を復活させたいと考えている。しかし、その一部、特に軍部には、さらに大きな野望を持つ者もいる。この連中は、中国が世界の「中心国」としての伝統的な地位を失ってしまったことに憤慨し、絶対にその地位を取り戻そうと決意している。

普段は押し殺されているものの、アジアからアメリカを追い出したいという強い願いは、時にあからさまな行動に移される。例えば、一九九五年二月、空母中心の米海軍機動部隊が、北朝鮮に核開発計画を放棄させるための警告行動の命令を受け、海岸線沿いを渤海湾《ぼっかい》に向けて航行したことがあった。中国政府は、米海軍の示威行動が自国の至近距離で行なわれたことに激怒し、青島《チンタオ》海軍基地の潜水艦一隻に出撃を命じ、米艦隊に接近させようとした。その潜水艦は、渤海に入ったところで米海軍に探知された。しばらくは追跡されていただけだったが、やがて執拗な威嚇を受け、潜水艦は母港に戻った。激昂した中国当局は、「再びこのような事態が起これば、人民解放軍海軍に攻撃命令が下るだろう」という警告を発した。

最近、中国は、国際空域や公海上でアメリカの軍用機や艦艇を挑発するようになった。人民解放軍がアメリカの電子偵察機を海南島に不時着させた事件はよく知られている。多くは表沙汰にはならないが、より軽度の事件は頻発している。例えば、二〇〇二年九月には、米海軍の海洋調査船バウディッチが、黄海で人民解放軍の艦艇による威嚇を受けている。これもまた、中国政府のますます膨張する領土権主張と好戦的な行為が、紛争へと発展しかねないことを示す一例である。

アメリカに対する中国の怒りをさらに強めているのは、アメリカの巨大な力と悪意とに関する見当違いの思い込みだ。この思い込みは、中国の軍部と政府の指導者がただ単にその信憑性を認めたことに起因するものではなく、なんと、彼ら自身が、この思い込みの出どころなのだ。軍事関係の論文で非常に高い評価を得ている李際均中将は、公然と、ソ連の崩壊とイラクのクウェート侵攻は、ともにアメリカが「戦略的策略」によって演出したものだと主張している。また、中国首脳部の大部分が、アメリカによるベオグラードの中国大使館誤爆事件も、中国に屈辱を与える意図に基づくものだと信じているのは明らかだ。さらにはアメリカが、チベットや新疆を手始めに、中国を「解体」しようと密かに画策しているとも信じられている。

これらを総合すれば、ワイマール共和国が抱いた歴史的な不満、イスラム革命国家の偏執的なナショナリズム、全盛期のソビエト連邦の領土拡張主義者の野望、そのすべてを併せ持つ中国像が浮かび上がってくる。その中国がさらに力をつけて、その不満の解消を企て、野望を行動に移せば、中国はアジア、そして全世界に、これまでになく暗く長い影を投げかけることになるだろう。

アメリカはよく、国内があまりにも民主的でありすぎるため、海外でも専制的になれないと言われる。だが、中国はそうではない。中国の国内には、独裁的な指導者たちが国外でもその権力をふるうのに歯止めをかける民主勢力はほとんど存在しない。胡錦涛主席は、全国人民代表大会（＝日本の国会に相当。「全人代」と略される）による宣戦布告抜きでも戦争を始めることができる（ただし、絶大な力を持つ江沢民前国家主席の承認を得る必要はある）。疑りぶかい議会を説得して予算が必要だと認めさせなくても、国家経済を戦時体制に切り替えて武器を生産することもできる。また、国内で、共産党組織や国有メディアを利用して組織的な宣伝活動を展開し、国民感情を思いのままに操作することもたやすいことだ。

中国人が西洋に対して抱く歴史的にも有名な反感の奥深さ、特にアメリカに対する執念深い妬み、あるいは中華帝国の復権を目指す野望の奥底にある活力、それらを確実に理解しているアメリカ人は今のところほとんどいない。怨恨に満ちた新興の超大国という厄介な代物だが、中国はそれだけの存在ではない。世界の中心国にふさわしい地位を当然の権利として再度、要求しようと狙う覇権国なのだ。

第二章

血で書き継がれた中国戦争史

天に二日無く、土に二王無し。

（孔子『礼記』／孟子『孟子』）

中国で発明された覇権主義

西洋の君主制で君主の権力がいかに絶対的となろうとも、中国の「東洋的専制」で皇帝に与えられた権力は、西洋の絶対君主もはるかに及ばないものだった。中国の長い歴史を捜してみても、君主の権利乱用を制限したマグナカルタ（大憲章）に相当する法律は、どこにも見当たらない。まして、古代ギリシャのアゴラや古代ローマのフォーラムのような市民の公共広場などあるはずもない。中国は、西洋がたどった道とはまったく逆の方向に進んでいたのだ。商代《しょう》や周《しゅう》代の王による古い時代の専制政治はやがて、秦《しん》代、漢《かん》代、そしてそれに続く各王朝の全体主義として完成することになる。

古代中国の全体主義は、君主の手に権力を集中させることを最終目的としているのではなく、それよりはるかに大きな目的を達成するための構想だったという点では、今日の全体主義に通じている。共産党は、階級闘争を終息させてプロレタリアート（労働者階級）を共産主義に導くために、そして皇帝は、覇権を確立して地上から混沌と無秩序とを一掃するために、それぞれ自らの権力を行使した。中国では、すでに古代において全体主義や覇権主義の政治手法が考え出されていたことは、火薬の発明や養蚕の開発ほどには知られていないが、世界に与えた影響ははるかに大きいかもしれない。

　中国の絶対主義の誕生は、まさに中国人の手で国家が生まれた時期までさかのぼる。現在、考古学資料と文献とによって確認できる最古の王朝は、商（一説には紀元前一七六六～一〇二七年）である。この王朝は、徴税システムや過酷な刑法などを持ち、高度に発達した国家形態を備えていた。おそらくは、常備軍を維持するためにこうした制度が必要だったのではなかろうか。商は現在の中国北部にあって、専制君主が臣民に向かって話しかけるときには自らを指して「予一人（唯一の人たる我）」（『尚書：盤庚、湯誓』）と言った。

　商に続いたのが周（紀元前一〇二七頃～二四九年）だ。専制政治はそのまま続く。国家と国民に対する周王の権力は絶対だった。『詩経：小雅、北山』には「普天の下、王土にあらざるはなく、率土《そつと》の濱《ひん》、王臣にあらざるはなし（天下の土地は王のものであり、どこに住もうと人は皆、王の臣下である）」という有名な一節がある。君主を「天子」と呼べば西洋人にはいささか罰当たりに聞こえるが、周代に考え出されたこの呼称は、地上のすべてを完全に支配するという意味まで持っていた。

　歴代の周王の権力は、初めから完全な中央集権制度に結びつくものではなく、まず封建制度を生み出した。周は現在の中国北部一帯の大部分を支配下におさめていた。この広大な領土を治めるために、初期の周王たちは、自分の一族に、公《ゴン》、侯《ホウ》、伯《ボー》、子《ジ》、男《ナン》などの世襲制の称号とともに封土《ほうど》を与え、その領地内に限った統治権を授けた。このようにして生まれた貴族政治の実態は、当初、王が一族の主だったものを束ね、伯父や兄弟、従兄弟たちが一族の傍流を率いるという、血族に支えられた統治だった。周代の初めには百七十二の封土があった。このように権力が分散する政治形態は、西ヨーロッパで何世紀も後に現われる封建制度とあまりによく似ていた。ただし王への忠誠は、中国では血族関係によって保たれるが、西洋では神前での誓いによって保証された。中国には宗法と呼ばれる血族を統制する法があり、一族の族長、すなわち王には一定の権力が確保されていた。

君主に権力を集中させる法家思想

時の経過とともに、封土を治める諸侯と王との絆《きずな》はほころびを見せる。諸侯は、その領地を独立した自らの王国と見なすようになった。紀元前八世紀末に至ると、周王には大多数の諸侯を服従させることも、かつては国土全体に行き渡っていた秩序を維持することも、すでにできなくなっていた。絶対的王から、単なる「王中の王」になっていたのだ。紀元前七〇七年には鄭《てい》の荘公《そうこう》に敗れ、自らの王朝のかつての諸侯と同じ程度にまで弱体化していった。

中央集権制度が崩れて幕を開ける春秋時代（紀元前七七二〜四八一年）は、まさに「自分以外はすべて敵」となる、全面戦争と呼ぶほど荒れた戦乱の時代だった。『春秋左氏伝《さしでん》』によれば、当時存在していた二十の封建諸侯国の間で、二百五十年間に四百八十三回におよぶ戦争が起きたという。

春秋時代初期には、長江の中流域にあった楚《そ》がほどなく勝利をおさめるものと見られていた。楚の攻撃的な姿勢を恐れた中原《ちゅうげん》(黄河中流域)の小国群は、現在の山東省にあった斉《せい》に庇護を求めた。

しっかりした経済力と強力な軍隊を持っていた斉は、統治者も優れており、中国北部では最大の敬意が払われた国だった。斉の桓公《かんこう》(在位紀元前六八五～六四三年)は紀元前六八一年、近隣諸国の要請に応え、対楚共同防衛策を協議するための諸侯会議を招集した。数回にわたる会議の後、相互防衛同盟が結成され、その三年後には、中国中部と東部の諸侯すべてがこの同盟に加わった。紀元前六七八年、桓公は、正式にこの同盟の覇者に任じられ、平和を維持し、周王の威信を守ることを責務とされた。桓公はこの務めを立派に果たした。西戎や東夷の侵入を防ぎ、在位中、常に楚に脅威を示し続けたのだ。

桓公が覇者として成功したのは、宰相管仲《かんちゅう》(?～前六四五年)が着手した政治「改革」によるところが大きい。管仲は桓公の後押しを得て、すべての国民に兵役義務を課し、商業活動に関する法律を設け、貨幣の鋳造を政府の独占事業とし、塩と鉄の生産を政府の管理下に置いた。強力で充実した装備を持った軍隊と、揺らぐことなく繁栄した経済は、管仲が行なった改革の直接の成果である。管仲が計画した改革はすべて、君主の権威を高め、社会に及ぶ国家権力を強化することを狙いとするものだった。

桓公が最初の覇者であるとすれば、管仲は最初の法家《ほうか》である。法家とは、諸子百家の一つで、君主の権威を高め、君主に最大権力を持たせることによって国を治めようと主張する学派である。『管子』には「君主とは法を編み出す者のことを言う。官僚は法を信奉し、国民は法に隷属する」とある。君主が支配を確かなものにするためには、絶対的な権力が欠かせない。「賢明とされる君主は、生命、財産、身分をそれぞれ与奪する六つの力を保持するものだ」(『管子・任法第四十五』)。

桓公の死とともに覇権体制は衰えるが、管仲が起こした統治革命は、他の国にも広がり続けた。斉、晋《しん》、楚など比較的大きく力もある国は、覇権国として認識されるようになり、それぞれ独自の政治改革を行なって国民統制を強化し、常備軍を持つようになった。弱小国は征服され、併合されていく。春秋時代を生き抜いたのはわずか二十二カ国、その他の国は、強力な隣国に呑み込まれてしまっていた。当時の国々の「外交政策」は「征服」の一語につきるだろう。

戦国の乱世が中国人の精神に傷痕を残した

春秋時代に続く戦国時代はその名にふさわしく、戦いが激化の一途をたどった時代だった。生き残りの鍵は、組織を固め、戦意を高揚し、大規模な常備軍を組織し、これらを総動員してできる限り広い領土を獲得し、多数の領民を配下におさめることだ。当初十二を数えた強国は、一国また一国と征服されていき、七カ国にまで減った。こうした過程の行き着く先は、はるか以前から明らかだったように、ただ一つ、天下の権力を握った万能の支配者が治める唯一の国の誕生である。

「戦国七雄」の国々の支配者は、自ら「王」と僭称《せんしょう》し、慎重に、可能なかぎりの権力を自らの手中に集めることを企てて、常に自国を実質的な戦時体制下に置いていた。こうした政策の実行には、法家として知られる法律顧問が王の補佐に当たった。法家が掲げた政治の基本方針は「富国強兵《フーグオチャンピン》」である。周代末期の時代思潮をもっとも的確に表現したのは、法家の最高峰と言われる韓非《かんぴ》だ。「今日、戦いは最大兵力のあるところに帰趨《きすう》する」、「大きな力を持つ者は貢ぎ物を受け、力の劣る者は貢ぎ物を差し出す。賢君が力を養う所以《ゆえん》である」など、韓非子は実にさまざまな表現を残している。

韓非を始めとする法家は、支配者を助けて一連の政治「改革」の構想を練り、これを実行した。その目的は、君主の権威を高める、強力な軍隊を組織・維持する、農業生産高を高める、(信頼の置けない世襲制貴族政治に代わる)任命制の官僚による政治体制を作り上げる、租税収入を増大させる、商業の国家統制力を高める、恐怖政治によって国民を服従させる、そして、君主に対する反対を一切押しつぶすことである。「国家への貢献を目的とする、全体主義的社会統制」とは、中国研究家のチャールズ・ハッカーが法家の政策の説明に用いた言葉である。

法家思想の要諦は、支配者の覇権だ。「君主はすべての国民を支配する権力の座に就き、国家の財産を意のままにする」(『韓非子』第十四)。法家の政策は、君主に権力を集中させる目的で貴族の力を弱め、一般国民をさらに隷属させることを目指していた。

国家の力を強めるためには、貴族階級を排除しなければならない。法家は、そのために封建諸侯に一部の権力を与えることをやめるように進言した。宮廷内部でも、世襲の地位にあった貴族官僚が、任命官僚と交代させられた。任命官僚のなかには、一般市民だが出自の良い学者や外国人も多くいた。君主は、このような官僚を思いのままに解任したり、処刑することさえできた。地方でも同様の改革が進められた。封建諸侯は、支配者の意向に添う任命制の行政官に取って代わられ、代々の封土は、県《シュン》と呼ばれる行政単位に再編された。支配者は、自分の手足となる官僚を県の行政官に任命することによって貴族階級を粉砕し、さらに大きな権力を手にした。

法家は国民に対する支配力を強めるために、次のような政策を勧めた。

一、権力の構成要素として不可欠な人的資源の蓄積。

「人を支配する者は、思いのまま使える人を、より多く従えることを望むものだ。……支配者は人を大切に扱う。人は役に立つからだ」

（『管子』任法第十六）

二、自発的な集まりの禁止。

「いにしえの王たちは、臣民の利害関係が一致していないことを常に確かめていた。こうして完全な統治をすれば、どんなに近しい間柄の夫婦や仲間でも、誰かが罪を犯した場合、通報を拒んだり、かばったりすることはない」

（『商君書』第二十四、『韓非子』第四十五）

三、密告ネットワークの構築。

「賢明な君主は、君主に代わって世間を見聞きすることを天下の万人に強制し、……万人は君主の目から逃れられず、君主に逆らうことができない」（『韓非子』第十四）

四、褒美ではなく刑罰による報酬。

「よく統治された国は……一つ褒美が出れば九つの罰が与えられる。一方、弱い国は、一つ罰を与えれば、九つの褒美が出される」（『商君書』第七）

五、法に基づいた厳罰の処断。

「死をもって罪を罰すれば、国民は法を遵守し、兵は強化される」（『商君書』第五）

六、相互監視と連座制。国民に命じて五人組と十人組をつくる。

「組内の人間を互いの監視下に置き、誰かが罪を犯した場合はその組の全員を処罰する。犯罪の通報を怠った者は、腰斬の刑に処す」（『史記』第六十八、『商君列伝』第八）

中国の君主論者によるこの種の政策助言は、西洋人の耳にはまるでいやみな皮肉に聞こえ、不道徳な響きさえするのだが、凋落しかけた王たちほど、この助言に飛びついた。戦国時代末期には、生き残れるのはただ一国のみであることは明らかだった。単に自国が生き残るためだけでなく他国を攻撃するためにも、法家の請け負う国力増強政策に抗《あらが》える国があるだろうか。自ら覇者となり全世界を支配することを望まない国があったろうか。

法家が編み出したこれらの「改革」を、カリフォルニア大学アーバイン校のジェンユアン・フー（傅正元）教授は「上からの革命」と呼んでいる。当時、各国の王は領土内で、この「上からの改革」を実施した。当時の中国の人々は、法家流の厳しい統制にもほとんど抵抗を感じなかったようだ。おそらくは五百年にわたる戦乱で疲弊しきっていたのだろう。それとも、法家の厳格な命令が下されることによって、かえって安心を見いだしたのかもしれない。いずれにせよ、自らの歴史の、ほかならぬ形成期の時代に、中国人の精神には深い傷跡が残された。まさにこのとき以来、その傷跡は「混乱」と「無秩序」を本能的に恐れる傾向となって、今日に至るまで続いているのだ。

法家の改革手法が確立される一方では、まがいものの絶対主義の定着した国が続出した。しかし、中国西部の秦《しん》では、法家の第一人者、商鞅《しょうおう》（?〜前三三八年）の指導によって思い切った政策が採られ、封建制度が排除され、中央集権体制と軍事体制が整った。封建諸侯の後進国だった秦は商鞅の改革で、中国北部でも指折りの、そして最も残虐な大国へと変貌を遂げた。

紀元前二六〇年、現在の山西省にあった趙《ちょう》が秦に敗れたとき、降伏した趙の全軍約四十万が虐殺されている。秦は、紀元前二五六年に最後の周王の領国を併合し、紀元前二三一年から十年にわたる戦いで、残りすべての国を吸収し終えた。秦王朝が確立する過程で法家流の改革によって具現化された絶対主義は、中国の政治文化に根づき、その後今日まで政治の場で実践され続けてきた。

始皇帝の「官僚制全体主義帝国」

戦国時代以前の農民は、税の取り立てと時折りの労役を除けば、おおむね為政者に苦しめられることなく日々の生活を送ることができた。地方国の玉座に就いた支配者がどれほど横暴であろうとも、その支配者が都の廷臣や周辺に封じた一族諸侯をいかに戦々恐々とさせようとも、農村では庶民による一種の自治が幅を利かせていた。農民は、高圧的な為政者に束縛されない自由を次のように謡《うた》った。「天は高く、帝はなお遠い」。

ところが秦の始皇帝《しこうてい》（紀元前二五九〜二一〇年）は、中国の統一を完成させるより先に、法家の改革によって隷属者との距離を縮めていた。自分の手の届かないところまで支配を広げた有力諸侯の多い時代に、始皇帝は、当時四千万を数えた中国人すべての直接掌握を目指していた。巨大な高級官僚組織、統合された法律体系、高度に練り上げられた緻密な政策思想によって始皇帝はこれに成功する。絶大な権力を握る独裁者の出現はいまだに後を絶たないが、その原型となったのが始皇帝である。イギリス人作家ジョージ・オーウェルの風刺小説『1984年』に「ビッグ・ブラザー」が登場する二千年も前に、中国人はすでにその皮切りの存在に苦しめられていたのだ。

秦の始皇帝の名は、アジア人には身近な存在だが、欧米では一部の東洋研究者以外にはほとんど知られていない。強健な体格に恵まれ、情け容赦なく改革を進める法家の李斯《りし》に補佐されて、始皇帝は権力の追求に全精力を傾けた。紀元前二三一年から次々と周囲の国を攻め滅ぼし、十年後には、現在の中国領とほぼ重なる地域を支配下におさめ、それまでに知られたどの国よりも大きな帝国を築き上げた。その後十二年間、紀元前二一〇年に没するまで、始皇帝の冷酷な圧政が続いた。

この秦帝国は、現代にも続く「官僚制全体主義帝国」の始めである。しかしこれは、ひとり始皇帝の手によるものではない。彼が、李斯と協力してつくりあげた政策によるところが大きい。その一つは、官僚組織全体の監察を担当する特別な高級官僚機構を設置したことだ。地方には、文官の地方長官と軍事指揮官の他に、監察官が置かれた。監察官の職務は、現代の共産主義諸国における政治委員と同様、地方長官と軍事指揮官を監視し、彼らが国家の方針からはずれたり、政策を批判したりしないようにすることだった。文官も軍人も、役人はすべて中央政府によって任命され、中央政府から給与を受け取る。役人は皇帝の意のままに仕えた。

皇帝の法家流信条は「明君は、臣民に姿勢を正すことを求めず、悪事ができない施策を用いる」ことだった。国民は日常生活のあらゆる領域で管理された。武装は禁止され、武器はすべて没収されて中央に集められた。貴族階級は領地から引き離され、集団で都に移された。商業は「寄生行為」とみなされ違法となった。旅まわりの楽士は活動が禁じられ、関係当局で演目の事前許可を得ることを条件に公認された楽団に取って代わられた。

法律が増えるとともに、それを施行、執行する官僚組織も膨らむ。どんなに小さな不平や反抗をも抑えつけるための量刑が行なわれ、違反者には過酷な刑罰が科される。大罪を犯した場合には、当人とその一族全員が処刑抹殺された。何百万もの人々が比較的軽い罪に問われ、現在の矯正労働収容所に当たる政府事業に送り込まれた。例えば、始皇帝の宮殿建設には、七十万人以上が送られた。始皇帝陵の建設にもこれとほぼ同数の労働力が動員されたという（『史記秦始皇本紀：第六』）。さらに、帝国の幹線道路の建設に送り込まれた者の数は、それらをはるかに上回る。この総延長六千五百キロもの道路建設は、ローマ帝国の軍用道路建設に匹敵する。二千キロ近く離れた長江と広州とを水上交通路で結ぶ計画では、運河建設や水路拡張工事が行なわれたが、その工事に駆り出された者の数は計り知れない。なかには、春秋戦国時代に北辺の諸国が築いた長城をつなげて補強する工事に従事させられた者もいた。

だが、戦国時代が残した教訓は、長城の内側に籠もっても国の安全は得られず、領土を拡張する政策にこそ国家の安全保障対策があるというものだった。秦の始皇帝が権力の座に上ったのは、こうした政策を実行した結果であり、その後も同様の政策が実行された。近隣の諸民族を従えて国土を拡張するために、始皇帝は派兵を繰り返した。例えば、南方に派遣された軍は越《えつ》と戦った。越は時代を経て現在のベトナムになるが、当時は、海岸沿いに現在の広東あたりまで勢力を広げていた。越がゲリラ戦術をとり、真っ向から戦わず、辺境の秦の町や駐屯地を奇襲する作戦に出たため、この戦いは長く厳しいものになった。それでも現在の中国南東部の大部分が秦の支配下に入り、ベトナムのハノイ付近まで前哨基地を進めることができた。また、北方へも軍隊が派遣され、内モンゴルでは匈奴の連合軍を押し返すための作戦が実施された。しかし、匈奴には遊牧民族特有の移動性があるため、恒久的な制圧は難しかった。

独裁者の神格化で始まった恐怖政治

覇権を求めてこのような侵攻政策を押し通すためには、国力を集中する必要があった。そこで考案されたのが、世界初の「個人崇拝」である。切れ者の高官たちは、始皇帝を神格化した。官選の吟遊詩人はくまなく帝国じゅうを巡り、信じがたいほどの皇帝の偉業を歌にして広めた。ある高官は、長さ百二十センチ、幅六十センチもある巨大な足跡を聖山の岩に刻ませ、これは尊い天子の靴の跡だと触れまわらせた。また別の聖山の頂上には、人間の背丈ほどもある巨大な将棋の駒が置かれた。皇帝がこの山に登って神々と将棋に興じたことを示したつもりだ。また至るところに石碑を建てて碑文を深く刻み、皇帝自身とその統治の業績を誉め讃えた。ある碑文の一部には「天下の人、皆心を一つに働く。誰もが同じ道徳心を持ち、隣家は互いに見守り、縁者は縁者を告発する。かくして盗人、身をひそむ！」とあった。怯えた国民は誰一人として皇帝の勅令に背こうとはしなかった。

厳しい法律を定め、皇帝神格化を強行してさえ、時折り反乱が起こることは避けられない。そこで李斯は皇帝に、臣民の支配を完璧なものにする唯一の方法は、思想の根絶だと進言した。

「陛下は……揺るぎなき覇権を確立されました。しかしその一方で、それぞれの学派（儒家その他）が結託して、我が国の法体系や勅令を批判しております。一つの法令が発布されるごとに、それぞれの学派がそれぞれ違う論点から、その法令を非難しております。家中では法令への不満を心に抱き、外へ出れば、往来で法令を批判するのです。己らが名声を得るために陛下の評判を傷つけ、己らこそが指揮を執るべきだという反対意見を述べ、民衆の心をつかむために誹謗中傷を広めているのです。このような放縦を許せば陛下のお力は地に落ち、不逞の輩が頭をもたげることでしょう。公の書庫にございます秦の国史を除き、すべての書物を燃やしてしまうことを、臣は建言いたします」

始皇帝はこれに同意し、勅令を出した（焚書《ふんしょ》）。

「古来よりの書物を、三十日のうちに供出すべし。三十日経過後、かかる書物の所持が発覚した場合、持ち主には頬に黥《げい》（入れ墨）を施し、北辺の長城その他の普請での労役を命ずる。医術、薬石、朴筮と農業に関する書物は、供出から除かれる。

私学を禁ず。法を学びたい者は、官吏から学ぶこと。

政治や哲学をいたずらに論ずる者は死刑に処したうえ、さらし者とする。

古を例にとったり、かつての王朝を賞賛したり、最も英明なる天子の政策を批判したり、疑念を喚起したりする者は、一族郎党とともに死刑に処す。

以上の犯罪を見逃した役人は、連座制の原則に基づいて同罪と見なし、同刑罰を科す」

この勅令の効果はてきめん、破壊的な影響をもたらした。焚書の炎が町々や村々を照らし、古来の文献は灰と化した。禁書を持っていた罪で三百万人が墨刑に処され、長城の建設現場に送られた。抗議のために自害を図った学者は数え切れず、恐怖のあまりに首をくくる者や入水《じゆすい》自殺する者もいた。

始皇帝を残虐非道な皇帝として有名にしたのが「坑儒《こうじゆ》」だ。皇帝みずから審問し、共同謀議や破壊活動、大逆罪などで有罪と認めた四百六十三人の儒者の処分は、秦が行なった数々の残虐行為のなかでも、とりわけむごたらしいものだった。始皇帝がくだした判決は、鞭打ち、鼻頭の切除、顔面への烙印、足の切断、去勢の五刑を加えたうえで首まで土に埋め、地面に出た頭部を戦車で轢《ひ》きつぶすものだったという。

国家にとって一般庶民は、使い捨ての資源だった。盗掘者に墓の在り処を知られるのを防ぐため、陵墓の造営に従事した人夫は生き埋めにして殺された。往古の首都、長安で発見された兵馬俑《へいばよう》は、そのような人夫の骨よりも長い歴史を生き延びたのかもしれない。しかし、中国の歴史を物語るのは兵馬俑ではない。かつての中国では、国家が国民のはるか上位に位置づけられていたことを証言するのは、生き埋めにされた真の犠牲者の遺骨である。

国家による無慈悲な統治によって、いたるところで不満が鬱積《うつせき》していく。積もり積もった怨《えん》嗟《さ》は、始皇帝の死とともに爆発し、公然と反抗する者が現われた。反乱は、徴用された数百人の農民が悪天候に阻まれ、指定された場所に期日までに出頭できなかったことがきっかけとなって始まった。過酷な刑罰を承知していた農民は、処刑されるために出頭するよりは蜂起の道を選んだ。反乱者は棍棒のみで武装し、帝国政府を相手に遊撃戦を始めた。三年後、秦の巨大な体制は崩壊する。

秦王朝は建国の祖の死とともに滅びた。しかしそのとき、すでに法家の「上からの革命」という考え方が、中国全土を覆っていた。相争う諸国は一つの帝国に統一された。貴族政治に代わって官僚政治が始まった。すべての権力は天子の手に掌握された。

秦の意図した独裁政治の仕組みは、絶対君主、中央集権型官僚制、国家による国民支配、懲罰の道具としての法律、相互監視と密告ネットワーク、反体制の動きへの弾圧、国民を抑圧する恐怖政治などであった。

これらの仕組みは、中国文化の遺伝子（DNA）に刻み込まれ、何世紀にもわたり、王朝が交代しても変わることなく続いていく。中国がいまだに中央集権型の独裁官僚国家であり、次の覇権国の座を待ち望む帝国であったとしても決して驚くことではない。

●――儒教は国民を管理する「秘密兵器」となった

秦の滅亡によって、法家の統治手法の強みと弱みとが明らかになった。肯定的に見れば、野心的な支配者を育てるのにうってつけであったことは検証済みだ。始皇帝は、法家の思想家たちの明快かつ容赦のない、人間性悪説に立った進言に従って、世界初の全体主義国家を創り上げた。だが実は、この権威はあからさまな権力のみを支えとし、効率的な統治を行なう最高の手段は生々しい恐怖だという考え方には、人間の本性にかかわる重大な見誤りがあったのだ。短い間であれば、国民を恐怖によって従わせることはできるが、やがては反抗心が育まれるばかりか、反乱さえ起こりかねない。自分が恐れる者の命令よりも、正当と認められた権威の命令に進んで従おうとするのが人間だ。ところが、法家の思想家たちは、支配者への服従は命令による義務と言うばかりで、それがなぜ当然の義務なのかについては、決して説き明かさなかった。

続く漢《かん》王朝歴代の皇帝には、同じ過ちを犯すつもりは毛頭なかった。漢王朝が生き延びるには、法家の恐怖政治の欠点を儒教の説くところで補うしかない、と悟っていたのだ。孔子は、熱心に道徳を説き、納得させ、自ら道徳の模範となって国民を教育するのが支配者の重要な責務だと教えていた。例えば、「君主が高潔であれば、命令しなくてもすべてがうまく運ぶ。君主が高潔でなければ、命令は果たされない」(『論語:子路六』)、あるいは「道徳政治を行なえば、国民が為政者の回りに付き従う」(『論語:為政一』)などである。

儒家の思想のなかで、支配者が体現し、国民にも教え込むべきものとされた最大の徳目は「仁」だった。博愛、思いやり、善行、哀れみの心、優しさなどと解釈されている。孔子自身も仁について、「人を慈しめ」(『論語:顔淵二十二』)、「丁寧、寛容、誠実、勤勉、親切」(『論語:陽貨六』)などと説明し、「自分がされたくないことを人にしてはいけない」(『論語:衛霊公二十三、顔淵二』)とも説いている。

●──都合よく書き換えられた孔子の経典群

儒教と法家との世界観はまったく違うように見えるが、権力構造のとらえ方はそれほど変わらない。どちらも、世界の本来の姿は、唯一の支配者が全権力を掌握した中央集権体制のもとに統一されている状態（天下）だとしている。「天に二日無く、土に二王無し」（『礼記：曹子問三十』、『孟子：万章章句上四章』）。そして国民については、唯一の支配者に絶対服従の姿勢を示すべきとしている。法家は国民に恐れの念を植えつけ、儒教は国民に畏れの念を植えつける。いずれも、国民が進んで恭順の意を示すことを狙いとしていた。

人々に納得ずくで支配者に素直に従うようにさせるには、儒教の教えが非常に効果的であったので、紀元前一三六年、漢の武帝《ぶてい》は儒教を国教とすることを宣言した。だが、武帝以降の皇帝たちがこの新しい国家宗教を心から信じていたかというと、そうではない。代々の皇帝は儒教の祝賀と典礼とを盛大に執り行なったが、それは表向きで、本当に信奉していたのは法家の思想だった（つまりは「外儒内法」）。

法家を信奉するしたたかな支配者にとって、儒教は、密告ネットワークでは到底果たしえない国民精神の完璧な管理を実現する秘密兵器にすぎなかった。また、ハーバード大学教授でジャーナリストのロス・テリルはこれを、「法家思想は中華帝国の鉄の骨組みであり、儒教はそれを被う絹の衣装」と皮肉に表現している。

この二重性は、必ずしも極秘とされたわけではない。たとえば漢の宣帝《せんてい》（在位紀元前七三〜四九年）は、代々法家思想を尊重してきたこと、同時に儒教を実際的ではないという理由で軽視してきたことを隠そうとはしなかった。

「漢王朝の制度は独特である。覇道（法家思想）と賢人の王道（儒教）を一つに合わせたものである。果して周代の政治規範（儒教）を仁の教えだけに頼って実践できるのだろうか。愚かな儒者どもは、時代の移り変わりに合わせた便法というものを理解しない。ひたすら過去を礼賛し現在を批判するばかりだ。何が正しいか、何が現実かについて、国民を惑わしている。しかも、しっかり守り通すべきものごとはわかっていない。そんな儒者どもに、責任を負わすことなどできるはずもない」

（『漢書』巻九）

だとすれば、孔子の残した『論語』『大学』『中庸』や『孟子』などが、漢代には帝国の独裁の大義にかなうように書き換えられたのも、意外なことではない。現在の儒教は、もともと孔子の思想にはまったく含まれていなかった、法家思想や道教の教えをも表わすように作り換えられたものだ。孔子は、常に古代中国の黄金時代を擁護していたはずなのに、書物のなかでは、無理やり法家流にそれを悪いものだと言わされている。「現代に生きる人間が、過去のやり方に戻ったりすれば、災いが降りかかるであろう」（『中庸』第二十九章）。

また、孔子が行動の規範となるのは古代の文物などではなく支配者であるという、まったく

儒教的ではない言葉を発したともされている。「天子以外の何者も、儀式を命じ、度量衡を定め、文字を決めてはならない」(『中庸』第二十九章)。

さらには、道教の教えを引き合いにして不満を抑えるために、「世の中の道筋が定まっていれば、一般庶民は政治について議論したりしない」(『論語』李氏二)と語ったともされている。中華帝国の国教とされたのは実は「儒教」ではなく、法家の原理を巧みに儒教の言いまわしで表現した代物だった。

中国が生んだ偉大な聖人と、儒教の教典(の擬《まが》いもの)の威光は不当にもねじ曲げられ、法家の法原則とそれに基づく統治を正当化するために利用されたのだ。皇帝は、自らの政策を「国民のため」といかにも孔子風に正当化したが、孔子が説いた道徳を実践した皇帝は一人もいなかった。中国史のジェンユアン・フー教授の言うとおり、「儒教典から引用した文章は、手ごろで説得力のある思想宣伝文になった。支配者の人物像に関係なく支配権の正当性を訴えることにも、結果を気遣うことなく政策をもっともらしく説明するためにも、実際にはどう映ろうが政策実行を正当化するときにも、使えたのだ」。

皇帝にしてみれば、儒教で重んじられる家父長制も、中国の専制政治の根底にある法家の全体主義を覆い隠すのに好都合な仮面でしかなかった。今日でも、中国共産主義者の皇帝にあたる毛沢東、鄧小平、江沢民、胡錦涛らは、有徳の政治を行なっているように見せかけてはいるが、自らの剣は常に手近に用意しているのだ。

中華覇権国の内政方針が徳政の名を借りた抑圧と思想統制だとすれば、その外交方針はどのようなものだったのか。

欧米の安全保障アナリストは長年、戦略書の古典を読みあさり、帝国の公式文書を詳細に分析して、中国の「大戦略」とは何かを理解しようと努めてきた。だが、これは骨折り損となった。カーネギー国際平和財団の上級研究員マイケル・D・スウェインとアメリカのシンクタンク、ランド研究所の元研究員アシュリー・J・テリスの指摘のとおり、「中国を統治する者が、これまでにその大戦略の全体像を明確に表わしたことは、一度もない」からだ。言い換えれば、将来あるべき領土の形を、その時々の領土と対比させて明確に描いた皇帝や宰相は、中国の長い歴史のなかにはただの一人もいないということだ。もちろんそんなことはできるはずもなかった。「中国」に含まれる地域と民族とを明確にどこからどこまでと規定してしまえば、それ以外の地域と民族は、帝国の権力外にあることになるからだ。

中国人の世界観では、そのような区別は許されない。帝国支配の普遍性は少なくとも理屈の上では絶対であり、全世界に及んでいる。「漢の徳政の力の及ぶ範囲は無限である」。漢王朝の歴史家は豪語した。唐代に出された詔勅はもっと凄い。そこには「皇帝の偉大さは天に届き、雅量は地の果てに至る。その威光は月や太陽に等しく、その至誠は四季の移り変わりのように確かなものである」と表現されている。また、同じく唐代の別の文献には、「天が下の生きとし生ける物は、この世に生ある限り、皇帝の育みを受けなければならない」とあり、皇帝の威光から逃れることは不可能とされている。

皇帝たちも自らの偉大さを堂々と宣言している。例えば、宋（九六〇～一二七九年）の太宗は、「我が国の変革の力は、中国のみならず夷狄にも及び、我が恩寵は鳥獣草木にも至る」と言うなど、自国文化の押しつけがましい優位性に浸り、自らの支配は無限だという感覚から生まれる皇帝の尊大さは、誇大妄想から生じる尊大さとたいして差がなく、ほとんど同質のものであった。

もちろん、このような覇権を誇る中国も、国境の存在を認めざるを得ないときはそうする。だが、その徳政による支配を広げようとするのが中国本来の姿勢だった。この覇権国が明示しなかった大戦略とは、周辺の国々と民族とを絶えず攻撃し、吸収することである。その戦略目標は、おそらく世界中がその仁政にあずかれるようにすることだろう。

覇権とは「結晶」のようなものだ。生まれ出た結晶の自己複製は、環境が整っていれば永遠に続く。中国に吸収されていない他の国々は、まさにその存在自体が覇権支配の自己複製を制限し、覇権の自己複製原理を否定することになる。したがって、究極の覇権が出現することはない。なぜなら、結晶としての覇権構造が完成するのは、周囲のあらゆる国と民族を取り込み終えたときのはずであるからだ。

●――孫子の兵法は武力肯定の「戦術マニュアル」

中国史を学ぶ者の多くが、柔らかくなめらかな絹の衣装のように中国の歴史を包み込む儒教精神に魅力を感じている。そういう人々は、中国の支配者はその外見にふさわしく、道義を通じて敵対者を従えるのを好んだと主張する。さらには春秋時代の天才兵法家、孫子の兵法を深読みし、孫子は敵に対して直接軍事行動を起こすことよりも、巧妙な外交作戦を展開することを優先させたと解釈する。アメリカの中国研究では長らく第一人者だったジョン・キング・フェアバンクも、中国人は歴史的にも文化的にも「暴力を軽蔑する」と主張していた。

だが、歴史をよく調べれば、アジアに出没する亡霊の姿がはっきりと見える。その正体は、覇者の統治に刃向かう内外の敵に対して振り上げられ、撃ちおろされる、法家の鉄拳である。中国の軍事筋によれば、紀元前一一〇〇年の周の建国から一九一一年に清朝が倒れるまでに中国が行なった戦争は、なんと三千七百九十という信じがたい数に上る。このなかには内戦と周辺民族との紛争も含まれている。この戦争回数を一年当たりに平均すると一・二六回だ。最も「内向き」だったと言われる明《みん》でさえ、全代を通じて一年間に平均一・一二回戦っている。しかもこの数字は、異民族相手の戦争だけに限ったものだ。

孫子の兵法について言うなら、この軍略が用いられるのは、皇帝が開戦の意思決定をした後のことになる。開戦か否かの戦略検討には適用されない。孫子の兵法書は、あくまで将軍たちのための戦術マニュアルであり、軟弱な高級官僚が学ぶべき外交術入門書ではない。孫子が提案しているのは、自軍の犠牲を最小限に抑えながら敵に勝つ方法であって、これは、何がなんでも戦いを避けることを擁護するのとはまったく違う。

中国が行なった何千もの戦争はいずれも、「治安維持活動」程度の小規模なものではなく、また、策略や謀略だけでことが運ぶ無血劇でもなかった。皇帝が戦場に送り出した軍隊の規模は百万を超えることも珍しくなく、平均すると十万規模になる。封建時代のヨーロッパの軍隊の平均規模は、その半分の五万にも満たない。戦闘は、孫子の軍略をもってしても、当然、凄まじく、血なまぐさいものになる。戦場の犠牲者も、ヨーロッパでの戦争に比べればはるかに多かったものと推定されている。

要するに、これは儒教の平和主義に傾倒する政策ではなく、法家支配に我を忘れた政策の結果だ。フェアバンクは、中華王朝は暴力をさげすむと考えていたが、それどころか、中国周辺の劣等民族に暴力をふるうことを喜び勇んで裁可したのだ。武力の行使は、中国のお家芸だと言っても過言ではない。中国の武力行使の必然性には何の疑問点もない。それは、中国の覇権思想には武力行使が組み込まれているからだ。

かのローマ帝国との近似点・相違点

中国の歴史を振り返ると、野心を持つ覇者が最初に求めるのは、面積にして四百万平方キロメートル足らずの中原、現在の中国のほぼ東半分の統一だった。そのために帝位を争うライバルを処刑し、その軍勢を解体する。征服した地方には新たに行政官が任命され、税収が国庫を満たし始める。だが、この初期段階の征服へと駆り立てる覇権への欲求は、中国の境界に達しても途切れない。野心に燃える覇権国は、征服し終えた中国全土の人的その他の資源によって準備を整えると、さらに二百五十万から五百万平方キロメートルの領土拡大を目指す。東トルキスタン、チベット、朝鮮、モンゴル、ベトナム、満州などは、しばしば中国の侵略目標になった。最終的には、頼みの綱とする輸送・通信手段が比較的原始的だったことに加え、貧しい周辺地域を統治する費用の負担に悩まされ、覇権国が直接支配できる領域は必然的に限定された。それから先、覇権国が周辺国に対して採る政策は、征服ではなく、それらに覇権国の属国あるいは進貢国となるように強いることだった。こうして中国の覇者は、絶え間なく世界全体を支配しようと励み、大抵は成功してきたのである。

中華王朝の拡張期には、現在の中国よりもずっと広い地域が中国の支配下にあった。最大規模の拡張は、モンゴル人(元王朝、一二七九〜一三六八年)の手によるものだった。このとき、元帝国の支配地域はベーリング海沿岸からワルシャワ郊外まで広がった。たとえそれほどの膨張期ではなくとも、中華王朝は西欧で産業革命が起こるまでは、世界の超大国にとどまっていたのだ。

古代西欧最大の帝国はローマだ。ローマ帝国の版図がもっとも広大だったのは紀元二一一年、地中海沿岸全域と黒海沿岸の大部分、それにイングランドがその支配下にあった。人口は多言語にわたる民族を合わせて約六千万、推定規模三十五万の常備軍を持っていた。ローマ皇帝の警護にあたった近衛兵団の他に、各一万の規模で編成された三十個の軍団が外地に配備され、辺境の属州や属国に守備隊として駐留していた。

だが東方には、その四百年以上も前から、さらに大きな帝国が存在していた。中国では、秦が滅びた直後に漢が興っていた。紀元前二〇二年建国の漢は、版図の大きさも国家としての組織も、同時代のローマ帝国をしのいでいた。その支配は、東は朝鮮、西はモンゴル、中央アジアに達し、その間には、海南島とチベットとを除く現代中国に相当する地域があった。漢の常備軍は百万以上の規模だった。紀元二年に行なわれた調査では人口約六千万とあるが、その数は二世紀後に漢王朝が滅亡して中国全土が大混乱におちいるまで増え続けたものと思われる。

中国史で、決まって何度も何度も繰り返されたのは、征服とそれにともなう統一だ。武帝（紀元前一四〇～八七年）の傑出した治世が長く続いた時代、漢軍はあらゆる方面に進出した。北東方面では朝鮮半島を征服し、紀元前一〇八年には衛氏朝鮮を中国領に併合した。南部では現在の中国南部をすべて制圧し、ベトナムのトンキン湾まで軍を進めた。漢軍の主力は北西部の「野蛮人」、特に匈奴との戦いに向けられた。この戦いでは、中央アジアの民族との間に、匈奴を共通の敵とする同盟が結ばれた。この同盟関係を調整するために派遣された張騫《ちょうけん》は、現在のキルギスタンあたりにあったバクトリアまで遠征している。匈奴は勢力を殺《そ》がれ、漢の支配は現在の新疆まで広がった。その時代に辺境防衛用として築かれた砦や城壁の跡は、中国のはるか北西部に今も見られる。

紀元一世紀、漢はさらに西方へと征服を続けた。中央アジア地域では、中国人が各地の監督官に就き、班超《はんちょう》将軍の指揮下に置かれた。紀元九七年、班超将軍が指揮する、各監督官の部隊から成る軍はカスピ海に到達し、中国使節がペルシア湾岸に派遣された。中央アジアへの隊商路が漢の管理下にあったことや、漢の領土がトンキン湾以南まで拡大していたこともあって、漢とローマ帝国のオリエント地方ダキア（中国語表記では「大秦」）との交易は、陸・海両経路を通じて途切れることなく行なわれていた。中国の絹が地中海世界に運ばれ、代わりに中央アジアやヘレニズム様式の品々が中国に持ち込まれた。

一方、ローマ帝国も漢も防壁を築いている。理由としては、ローマ皇帝ハドリアヌスはローマ領ブリテンを守るために、そして漢の皇帝たちは中央アジアの草原から侵入する異民族を阻止するためにだ。だが、ローマ帝国も漢も守りの姿勢で世界に立ち向かったのではない。中央アジア研究で著名なオーウェン・ラティモアはこう述べている。

「中国人もローマ人も、凶暴な野蛮人との対峙から逃げ出して、自らの文明社会を守る前線を要塞化し、そこに立て籠もるようなことはしていない。それどころか、それぞれが見出した地理的環境の特色を活用して、当時最高の文明を築いている。過去にそれぞれが培った技術を生かし、潤いをもたらす開発ができそうな地域すべてを併合するために拡大を続け、モンゴルやドイツの奥深くまで到達した。そして、そこが両帝国のそれぞれの境界区となった。ここまで来ると大都市の市場からは遠く、輸送費用もかさむので、それまでとは事情が異なり、その地域に都市部と郡部との一体関係を持ち込むことが難しくなる。それ以上領土を広げれば、利益を減らすことになる。軍事支出が大きくなりすぎ、収入の増加はまず見込めないからだ。このような境界区が、両帝国が防御を固めながら居座る場所と理由になった。つまり、両帝国の『防衛線』は、これ以上の領土拡大は行なわないと、事実上自ら設定した限界を意味していた」

防衛線は、中国のそれの方が遠方まで広がっていた。また、防衛線を維持する力も中国の方が大きかった。人口ではローマ帝国に及ばなかったが、漢は、世界初の行政システムを通じ、ローマ帝国に比べて国民をより直接的に支配していた。ローマ帝国は、属国の首長とともに軍の司令官や、コンスル（執政官）やプロコンスル（属州の総督）を介して統治を行なったが、漢の皇帝は、自ら任命した官吏を使って全国を直接統治した。漢の財政、経済、安全保障などの体制がローマ帝国よりも複雑だったのは、単に国が大きかったからではなく、中国の方がより複雑な国家だったためだ。

鷲《わし》の軍旗のもと、ローマ支配下にあった諸国のエリートたちが熱望したのは、「私はローマ帝国市民である」と言えるようになることだった。それは、ローマ帝国市民として正式に認められることであり、当然、市民としての権利と義務とのすべてを伴うものだった。このため、地中海沿岸諸国では、社会の上位階層の多数がローマ風に装ったり、少なくともローマ帝国とのやりとりではラテン語を話すなど、ある程度ローマ文化に同化していく。しかし、ローマ文化の優位性はまったく疑問の余地がないとされたわけではなく、特に帝国東部のギリシャ人は、それを疑問視する傾向が強かった。にもかかわらず、ローマ文化は帝国の支配力強化に役立っていた。世界の別の地域にあって、多言語や多文化を持ち、暴力による統治が当然とされた中国を含む様々な帝国に比べれば、文化を有していたおかげで、ローマ帝国はとてつもない優位を占めていたことになる。

中国では、この文化的同化が、種々の理由からローマよりさらに深いところまで達していた。中国の文化が他の文化よりも確かに優れているとの思いは、単に中国の支配階級が傲慢であったからではなく、拡大し続ける中国の影響下に置かれた人々も共感する見方だった。進んだ農業技術、文字言語、高度に発展した芸術などに支えられた中国の優れた生活様式は大きな魅力を有していたので、中国の統治に屈した人たちも、大抵は中国を大いに讃え、進んでその文化に同化するようになった。調和を重んじ、目上の者を敬い、自律を強調する儒教の儀礼と、法家統治の計算ずくの苛酷さが組み合わされ、中国文化の優位性はいっそう強化された。ローマ帝国が征服した国々でローマ文化を受け入れたのは、おもに上流階級に属した人々だった。一方、覇権国中国に征服された地域では、誰もがすぐに自ら中国人と名乗り、中国の言葉、服装、農法を取り入れ、「中国人」の範疇《はんちゅう》に見事に溶け入ってしまう。単に征服されるのではなく、完全に中国化してしまうのだ。中国の古典には、はるか昔に異民族であることをやめてしまった民族に関する記述が数多く見られる。民族放棄にいたるまでに、中国文化と同化したということだ。

征服地の住民が、一世代か二世代のうちに征服民と同じ民族に溶け合うと、その地の行政官は軍人から文官に代わる。中国文化への同化は、単に軍事力によって人工的に構築されただけではなく、ローマ帝国で見られたように、被征服地の特権階級の人士が名目上同化するだけに終わることもなかった。同化は、深く民衆の心に根ざし、その願望ともなったのだ。こうした中国文化への同化は、専門の教育を受け、厳しい競争を経て登用された文官が司る行政機構と、公私両面に及ぶ厳格な法家思想による統制によって一段と強化されることとなる。

中国文化の同化力に支えられた漢王朝は三百六十年間も続いた。だがもっと重要な点は、その後いくつかの国に分裂した中国が再び統一され、紀元五八九年に隋《ずい》・唐《とう》王朝が生まれたのは、文化の同化力に負うところが大きいということだ。文化による求心力がそれほど強力でなかったローマ帝国は、紀元四一二年に東西に分裂すると、そのまま衰退の一途をたどった。西ローマ帝国は分裂後まもなく消滅してしまう。だが中国は今日に至るまで、分裂と再統一とを繰り返している。衰退と腐敗という遠心力が国家を分解しても、言語と文化の求心力がその遠心力を抑え込むからだ。

中華王朝が再建されるたびに、中国は世界で最大最強の帝国に返り咲いた。征服とは、中国文化への同化を再び宣言することにほかならない。隋・唐（五八九〜九〇六年）初期の数十年間で、朝鮮、新疆など、失われていた辺境の国々が再び併合された。さらに、中国軍は西南にも侵攻し、チベットから最終的にはパミール高原を越えて、インド北西部まで進んだ。その勢いは唐の一時期、ペルシアでさえ、イスラム教アラブ人の波状攻撃に対抗するため、唐に援軍を求めたほどだった。宋（九六〇〜一二七九年）も建国当初は同じような道をたどっている。

中華帝国最大の拡張期は、元の時代（一二六〇〜一三六八年）に訪れた。このとき元は、日本を除くヒマラヤ以北のアジア全土を領有し、ヨーロッパの中心部まで迫った。現在の北京近郊にあった大都（モンゴル名＝カンバリク）に首都を構えたフビライ・ハンの版図は、中国のみならずモンゴル帝国の大部分に及び、その境界はメソポタミアとヨーロッパ内部にまで達していた。元はチャンパ（インドシナ半島南東部）、安南（現ベトナム北部）、ビルマ（現ミャンマー）にも派兵し、ジャワ（現インドネシア）や日本にも艦隊を派遣している。南方への遠征軍はいささか不名誉な撤退を強いられ、ジャワ攻略は失敗に終わり、日本を攻撃した艦隊は台風で壊滅的な被害を受けた。それでもなお、首都大都からの治政がユーラシア大陸の大部分に及んだ時期はしばらく続いた。史上最大の帝国を出現させたのは、モンゴル人の機動性と戦術だと言われるが、その帝国の中心にあったのが中国だ、ということもまた確かだ。中国が元の強さと安定を生み、そして目的意識を高めたのだ。北方の異民族が中国に軍事力をもたらし、その軍事力で中国を超える至上の権力、すなわち覇権を目指す類いの試みは、元のそれが最後ではない。

次の明（一三六八～一六四四年）は「内向きな帝国」であったとよく言われる。だが、建国間もないころは、それまでの王朝の歴史に倣《なら》っていた。明建国の祖、洪武帝《こうぶてい》は、モンゴル人を追い出した後も、中国の分裂を食い止め、統一を保ち、余力を駆ってただちに征服に取り掛かり、南はジャワ、南西はセイロン（現スリランカ）にまで遠征軍を送っている。セイロンからは王子の一人が人質として連れてこられ、その後長年にわたって朝貢が続いた。その後の皇帝のもとではペルシア湾への海上遠征も行なわれた。朝鮮も侵略され、安南も一時期、明の属国となった。またモンゴル人とも頻繁に戦い、この旧敵が長城より南下するのを防いだ。前にも述べたが、この「内向き」の明でさえ二百七十六年間の歴史のなかで三百八回の戦争を行なっているのである。

明の方では勝手に、かつて中華帝国の支配下にあった国は永遠に中華帝国と運命を共にするのだと思い込んでいたが、侵略される国々にそのような認識はなかった。特に安南《あんなん》地方は九三九年から四百年間、ずっと独立を保ってきたので、取るに足りない進貢国の立場を受け入れるのは潔しとしなかった。第三代永楽帝《えいらくてい》は、当時の安南王を非難する文書を叩きつけ、相手が脅しに屈しないと見るや軍を派遣した。明軍は安南の農村地帯を徹底的に蹂躙していたのだが、永楽帝は「安南の民はすべて我が子である」と言い放ち、厚かましくも、自分は儒教の美徳精神を発揮しているのだとうそぶいた。「安南王が圧政を行ない、人民は骨の髄まで王を憎んでいる」ので、明軍が侵攻するのはやむを得ないというわけだ。

「天地の御霊もこれを黙許しない。安南に進軍するのは、人民を苦しみから解放するためである、急げ」。永楽帝は、出兵する兵士たちにそう語った。だが、実際に明軍が安南で行なったのは、中国の優位性と覇権を認めることを拒否する国家と国民に苦しみを科すことだった。あるいは、覇権国としての面目を保つために安南を破壊する必要があったと言えるかもしれない。

清もそれまでと同様、精緻な官僚機構を維持していた。官僚たちは、厳しい競争試験で選抜された、エリートのなかでも最優秀のエリートだった。人々は相変わらず、法家思想の統治によって厳格に管理されていた。学者と官僚とが会合を開く場合、参加者が十人を超えると正式な許可を得なければならなかった。書物は厳しい検閲を受け、新聞は存在せず、学校で教育される内容も制限されていた。そして、私的な会合は全面禁止とまではいかないものの、強く自制を求められた。フランス人の中国学者エティエンヌ・バラージュは、「個人の活動と公の行為で、官憲による規制を受けなかったものはない」と述べている。国家の干渉を受けない市民生活なるものはほとんど誰も知らず、徹底的に統一思想への共感が叩き込まれていた。

康熙帝《こうきてい》（一六六二～一七二二年）と乾隆帝《けんりゅうてい》（一七三六～九六年）の優れた指導力によって、中国の繁栄は続いた。康熙帝の時代、満州とモンゴルが清軍によって制圧され、チベットと台湾が領土に加えられた。乾隆帝は、イリ川流域、トルキスタンを支配下におさめ、ビルマやネパール、安南内部まで軍を進める。朝鮮半島からも朝貢があった。

一八〇〇年ごろ、清の覇権行使にはめざましいものがあった。当時、清の国境は、ロシア極東部から西方向に南シベリアを抜けてバルハシ湖まで走り、そこから南方向にカザフスタンを経てヒマラヤ山脈まで達し、その後は山脈沿いに東へたどってラオス、ベトナムにいたるものだった。この広大な領土を、帝国の中心部から直接支配し、ビルマ、ネパール、インドネシア、タイ、朝鮮も属国、進貢国として影響下に置いていたのだ。中華帝国内の人口は三億を超え、周囲の進貢国にも一千万以上の人々が住んでいた。経済規模は世界最大、軍事力も、技術革新が進行していた欧米に後れをとり始めていたとはいえ、数字の上ではまだまだ圧倒的な規模を誇っていた。

●――誇り高き中国人にとっては屈辱の近代百年

この輝かしい中華帝国の歴史から得られる教訓のうち、現在の中国学生の精神に深く刻みつけられているのは、漢、隋、唐、宋、元、明、清と続く歴代王朝には肩を並べる競争相手がいなかったということだ。中華帝国の持つ力に匹敵する国力を持つ大国はまったく存在しなかった。領土を拡張しようという中国の意志に抵抗できる隣国もほとんどなかった。中華覇権国の覇権行使は、時には敵対勢力に妨げられもしたが、大抵は思いのままだったのだ。

中華帝国は二千年以上の間、世界の中心であり、巨大かつ自足する大陸国家だった。支配階級は富裕で教養があり、周辺の異民族に向けるのは軽蔑のまなざしのみ。自国が文化的、軍事的に優れていると勝手に思い込んだ支配者が他の国々に求めるのは、服従だけだった。

一七九二年、イギリス国王ジョージ三世は、通商関係を結ぼうと、イギリスの工業製品を携えた使節を中国に派遣する。こうしたイギリスの姿勢にどれほどの好意が寄せられたかはともかく、皇帝に対する「三跪九叩頭《さんききゅうこうとう》」の礼を拒んだことによって、すべては台無しになった。清帝国皇帝は、しかるべき礼を欠いた態度にいたく気分を害し、イギリス使節団を追い返した。その際に出された詔勅には、揺るぎない自信があふれている。その後何百年間、この自信は中国文化の骨の髄まで染み込んだままとなった。

「天子の厚情をもって英国王に申しつける。四海を治める中華帝国は、奇貨を珍重することもなく……英国の産品も必要としない。……英国の朝貢使節には帰国を命じた。英国の王においては、中華帝国への忠誠心を育み、中華帝国への永遠の恭順を誓い、ただただ中華帝国の意図することのみ行なえ」

だが、永楽帝が高慢にもイギリス使節を追い返したこのころには、すでに帝国の支配はほころび始めており、わずか数十年後、アヘン戦争（一八三九～四二年）でイギリスに敗れ、中国の海岸線から「貿易港」（つまりは植民地）が切り取られる。中国にとって、これは単なる軍事的な敗北にとどまらず、激烈極まる文化的屈辱でもあった。一千年にわたる周辺諸国の支配を通じて教え込まれ、心の奥底に深く刻み込まれた優越感が、実は空虚なうぬぼれだったことを、白日のもとにさらしてしまったのだ。

これまでの百年間に味わった屈辱的な国際政治の現実は、時に、中国人に栄光の歴史を振り返らせ、自分たちは巨人の肩の上に乗った小人にすぎなかったのかという疑いを抱かせる。かくして中国人の屈辱感はさらに深まるのだ。

第三章

覇権遺伝子と共産独裁の出会い

●——共産独裁・毛沢東王朝の誕生

毛沢東は、一九四九年十月一日、中華人民共和国建国大典で、国家の自尊心を呼び戻すために栄光に包まれた中国の過去を振り返った。

「中国は、常に勇敢で勤勉、偉大な国家だった。遅れをとったのは近代だけのことだ。それはすべて、外国の帝国主義者と国内の反動政府による抑圧と搾取によるものである。……今後、我が中華人民共和国が屈辱にまみれ、侮辱にさらされることなど決してない。我々は立ち上がったのだ」

いにしえの覇権国がまどろみから目覚めれば、時を置かずに、かつて幾度となく往来した同じ道をたどることだろう。中国共産党の指導層から見れば、欧米と欧米志向の国々、ロシア、イギリス、フランス、ドイツ、日本、アメリカは、理不尽にもよってたかって中国に襲いかかったのだ。その結果、中国は二百数十万平方キロにも及ぶ領土の支配力を弱め、数々の属国を失ってしまった。

毛沢東は、特にアメリカに対して強い敵意を抱いており、一九四九年末の「友好か闘争か」と題された演説では非常に厳しい論調でアメリカ批判を行なっている。

「アメリカ帝国主義者の侵略は、一八四〇年、アメリカがアヘン戦争でイギリスに与《くみ》して以来、中国人民によって中国から追い払われるまで続いた。この歴史は簡潔な教科書にまとめ、中国の青少年教育に用いるべきである。アメリカは、中国に治外法権を認めさせた最初の国の一つだ。……この百九年間、アメリカ帝国主義はさまざまな『友好』を中国に示してきた。なかでも最大の『友好』行為は、ここ数年間に数百万の中国人民を虐殺した蔣介石に力を貸したことだ。こうしたすべての行為の目的はただ一つ。（アメリカ人の言葉によれば）まず、『門戸開放』を維持するため、次には中国政府の行政権と領土保全とを尊重するため、そしてついには、外国による中国の支配を防ぐため、などだという。だが現在、（米国務長官）アチソンとその同類に対していまだに開かれている門戸は、広東や台湾など、わずかな地域だけだ」

毛沢東は、マルクス主義の論理に長けていたのはもちろんだが、中国の歴史にもそれに劣らず精通していた。そして自らを中国共産主義国家の指導者として、そしてまた、新たな中華王朝の始祖とも見なしていた。

一九三六年作の「雪」という漢詩には、その覇気があふれ出ている。

江山如此多嬌

江山の如きは此《か》くも多いに嬌《あでやか》にして、

引《いざな》いし無数の英雄、競いて腰折らしめし。
惜しむべし秦皇、漢武、
略《およ》そ輸《ゆ》するは文采なり、
唐宗、宋祖、
稍《や》や遜《おと》るは風騒なり。
一代の天驕なりし
成吉思汗、
その只だ識るは、彎《しぼ》りし弓にて大雕《おおわし》を射るのみぞ。
倶《とも》に往《ゆ》き矣《け》り。
風流人物を数えんとすれば、
還《なお》も看よ、今が朝を。

引無数英雄競折腰
惜秦皇漢武
略輸文采
唐宗宋祖
稍遜風騒
一代天驕
成吉思汗
只識彎弓射大雕
倶往矣
数風流人物
還看今朝

(祖国の山河はたいへん美しく、その魅力のゆえに多くの英雄が祖国のために競って奮戦したものだ。ただ、秦の始皇帝や漢の武帝は文才に優れず、また唐の太宗や宋の太祖が風流韻事で劣ったのは惜しまれる。一時代の寵児《ちょうじ》ジンギスカンも、ただの弓取りだった。そういう英雄もみな滅びてしまった。本当の英雄を見たいのなら、今、この時代にもっと目を向けるがいい)

「本当の英雄」とは毛沢東自身のことだ。たしかに、有能さと非情さとで過去の王朝の開祖を凌ぐことは後に証明される。毛はしばしば、中国史上おそらく最も悪名高い秦の始皇帝と比較されたが、毛が気を悪くしたとすれば、非情さも老獪《ろうかい》さも、始皇帝より自分のほうが上だと思っていたからだ。一九五六年、中国共産党第八回全国人民代表大会の第二回総会で、毛はこう言い放った。

「始皇帝はそれほどたいしたことをしていない。たった四百六十人ばかりの儒者を生き埋めにしただけではないか。我々は四十六万人の儒者を葬った。(民主主義者のなかには)我々が始皇帝のようだと批判する者もいたが、それは正しくない。我々は始皇帝の百倍以上も邪悪なのだ。我々が始皇帝と同類であり、独裁者であるとの告発に対して、我々は自ら有罪を申し立てよう。しかし、その程度の告発では驚きもしない。我々は、何をするにおいても(始皇帝の)さらに先を行かなければならないからだ」

毛沢東は別の自作の詩のなかで、秦の始皇帝と法家の体制とに寄せた賛辞と、儒教蔑視とを対比している。

君に勧む罵ること少し秦始皇。
焚坑事件は商量を要す。

祖龍の魂は死して業は猶ほ在り。
孔学の名は高く実に秕糠《ひこう》。
百代の多行秦の政治。……

（秦の始皇帝の名誉をあまり傷つけてはいけない。焚書坑儒については、なお検討する必要がある。祖龍始皇帝の肉体は滅んでも、その精神はなお生き続けているのだ。孔子は高名だが、その教えは実にくず同然だ。だが一方、秦の政治体制は、何代も何代も生き残っているではないか……）

毛が儒教の正論を軽視するに至った原点は、マルクス・レーニン主義ではなく、法家思想にあった。前章で引用したように、法家思想を信奉した漢の武帝と同じく、毛もまた、儒教が実効性を欠くことや、道徳論をこまごまと並べ、美徳だ善行だと説いたりすることを嫌った。何よりも、なかなか消えずに残る儒教精神が、中国の国民と周辺民族とを支配する強力な国家の建設を妨げることが気に入らなかったのだ。

毛沢東は二十世紀初頭に少年時代を過ごした。中国の古典史書を進んで学び、覇王を目指す者に向けた法家の残酷で悪辣な教訓を吸収した。中国のことわざで言う「鑑往知来《ジュンワンチーライ》（過去に鑑みて未来を察知する）」を実践したのだ。毛沢東の野心は、王朝を力ずくで築き上げて現代の始皇帝となり、昔と同じ全体主義の政治体制によって昔と同じ領土を支配することだった。

「秦の政治体制」を現代に確立するには、儒教に代わる思想、統治の正当性を保証する新しい思想、国民の理解できる思想が必要である。つまりは、法家思想を時代に合わせる必要があったのだ。

ソビエトの共産主義革命が成功すると、毛沢東ら中国の革命家は、自分たちの権威主義的な野心にぴたりと合う、願ってもない思想を見出した。「マルクス主義」である。マルクスの思想は、国家統制主義、エリート主義という点でまさに伝統的な中国の政治風土そのものであり、同時に、マルクス主義に真っ向から対峙し、自由主義を標榜する民主主義思想よりも、「近代的」で「進歩的」だと考えられた。

民主主義はつきつめれば覇権国の大敵だ。民主主義では権力は一人の支配者の手に集中せずに、選挙で選ばれた複数の代表に分散してしまう。国家の権力が強化されることもなく、国民に服従を強いる力もつかない。逆に、そうした国家権力や強制力が弱まることになる。特に民族自決の原則には、覇権国の根幹を揺るがしかねない恐ろしさがあった。チベットや新疆のような辺境地域では、少数民族が地域人口の多数を占めるため、それぞれの地域が独立独歩の道を進む危険がある。

マルクス・レーニン主義は、公民権や人間の平等をはっきりと認めてはいるものの、覇権国家中国には都合よくできている。教育されたエリートの権力独占を擁護し、国家と市民社会との関係も、中国独裁政治の伝統にとても馴染みやすく定義されている。また、マルクス・レーニン主義で使われる用語は、見た目には科学的であるため、教育手段としては儒教よりもはるかに効率が良く、独裁支配を守る道具としても儒教より強力である。しかも、欧米社会の中枢で敬意を集めている階層まで魅了するという、おまけ付きなのだ。

実際のところ、共産主義は中国で起こる革命の周辺国への波及は宿命であると明示し、覇権主義を象徴するものだ。それによって中国は辺境諸地域をしっかりとつなぎ止め、同時に、中国のさまざまな民族の労働者階級は共産主義によって、たちまち共通の主体性のもとに統合されるはずである。中国では知識階級でさえ、西洋的価値観の根底にある徹底した個人主義に馴染めず、それによって中国が弱体化し、やがては崩壊さえするのではないかと恐れていた。しかし、「科学的」マルクス・レーニン主義は強力な磁石のようなものだと判明した。何千人もの知識人が引き寄せられ、中国共産党に加わったのだ。

毛沢東軍の兵士で、読み書きにも不自由をしていた地方出身者は、自由民主主義など聞いたこともなかったし、マルクス・レーニン主義の抽象概念など、まるで不可解だった。だが、中国王朝の儒教信仰と伝統を思い起こせば、共産主義とその指導者を容易に受け入れることができた。変革の必要性は、陰陽説や易経が説くのと同じ言葉遣いで語られた。国家は恵みの主であり、人の生死を預かるもの。労働者の先頭に立つ党組織は、王朝時代の行政組織で直接民衆に接した「親民官」に模して理解される。最高指導者は全能の救い神で、その慈しみあふれる統治に隷属者はみな、寄りすがる。

一九四五年四月に改正された党規約で「毛沢東思想」は、党の「全活動の指針」として欠くべからざるものと宣言された。そのころには、毛沢東の「個人崇拝」はすでに盛んに行なわれていた。毛主席は「最も偉大な革命家であり中国史上最高の政治家であるだけでなく、最も偉大な理論家であり、科学者である」と賛美された。ご多分に洩れず、この辟易《へきえき》するような賛辞の多くは、毛沢東自身の手によるものだ。

最も重要な点は、党主席崇拝が皇帝崇拝の延長とみなされたことだ。中国共産党は、毛崇拝を煽り立てるために国民の盲信を徹底的に利用した。毛沢東は、生身の人間を超越した人物として限りなく高く持ち上げられ、人民を抑圧から解放する現人神《あらひとがみ》とされた。中国共産党が国民党との内戦で村一つを占領すれば、その村の建物の壁はたちまち、「毛沢東は中国人民の偉大な解放者である」といった標語で塗りつぶされた。

毛沢東自身が共産主義のために尽くしてきたとすれば、それは共産主義が自分の役に立ったからにすぎない。歴代の皇帝たちが「外儒内法」であったとすれば、毛はまさに「外共内法」だった。毛沢東は、前代未聞の非道徳的かつ世情に通じた冷酷な法家流支配者であり、千年の歴史を持つ全体主義の伝統を遺憾なく活用して中国国内の支配を固めた。『毛沢東選集』で言及され、引用された文章の出典を調べてみると、その約二十四パーセントはソ連史上、最も冷酷な指導者スターリンの著作だった。同時に、ほぼ同量の、実に二十二パーセントが中国の古典だった。後の演説では古典からの引用がますます一般的になり、スターリンの著作はすっかり忘れ去られた。毛沢東は、自らが長らく傾倒してきた法家の皇帝となり、全体主義と覇権とを振り回すことに夢中になっていった。

●──新生中国で復活した法家主義

一九四九年十月一日、中華人民共和国の建国が宣言された際には、中国の国民も、全世界も、中国に新しい時代がやってきたのだと聞かされていた。だが中国史全体を眺めると、それは過去への逆戻りではないかという疑いが強くなる。

共産主義による支配を正当化する思想的な理論付けが、儒教に基づく政治思想とさまざまな面で異なっていることは確かだ。中華帝国時代の政治理念では、皇帝は、天から与えられた支配権を保持し、道徳規範に基づいてその支配権を行使するもので、皇帝が儒教の美徳を人々のために実践し続けるかぎり、その「天命」は失われないとされていた。一方、中華人民共和国では、（労働者の先頭に立つ）共産党が、建国期の「立ち枯れ」現象を見越して、「一般大衆」に代わって一時的に独裁的な権力を行使するのだというのが、他の共産主義国と同じ基本的な考え方になっている。

だが、容器が新しくなっても、中身には古くから変わることのない法家主義の嫌な苦味がそのまま残る。二十世紀の半ばに中国共産党が政権を取ったことにより、せっかく開花した市民社会は短命のうちに覆され、国家と国民との関係は、国民が国家にほぼ完全に従属する関係に逆戻りした。法家主義は、共産主義を身にまとい、中華皇帝ならあざ笑うはずの公民権を形式上は尊重しつつ、よみがえった。新生中国はどこから見ても共産主義国家だが、その本質は、実に法家そのものだった。中国には、中華帝国の独裁主義の伝統が脈々と生き続けている。

*中華帝国の正統的統治思想（法家思想と儒教）の上に、それと同じ機能を果たさせる目的で、中華人民共和国の公式思想（マルクス・レーニン＝毛沢東主義）が置かれている。

*国家の政治権力がごく少数の人間、大抵は一人に集中し、その政治権力には、軍隊の掌握に基づく制度上の制限を受けない権力行使が伴う。

*刑法と司法制度は支配者が国民を管理する道具であり、支配者自身は法律上の制約を受けない。

*国家は、国内の商業活動、経済活動をほぼ全面的に、そして時には完全に統制する。

*国家はあらゆる形態の社会集団を管理し、唯一例外としての個々の家族にも厳しい制約を課す。

*大規模な思想弾圧、官僚の粛清、政権内部の謀略、指導部の派閥抗争など、王朝時代から続く政治手段が取られている。

*国民は国家の所有物で、国家への隷属者と見なされ、市民とは見なされていない。

中華民国の時代に芽生えた市民社会は、指導的立場にあった人々が「再教育」、または処刑され、それぞれが率いた団体が撲滅、あるいは吸収されたことで根絶やしにされた。新聞や雑誌は国家の統制下に置かれるか廃刊になった。私立学校やミッション・スクールは政府に接収された。個人団体は解散させられるか、政府が指導する見せかけだけの団体に併合された。かつての一時期、市民社会が開花した名残りは、一九四九年からの五年間でほとんど消え去った。中国の社会は、共産主義国家本来の姿になると同時に、中華帝国時代の社会に逆戻りしてしまったということだ。

●──朝鮮戦争がアジア覇権回復の第一歩

法家学派の皇帝だった毛沢東は、中国国内の臣民のみならず、かつての中華帝国の領土まで支配することが自らに課せられた天命だと信じていた。偉大な中国に失われた領土が戻り、離散した属国が帰属し、かつての朝貢国が帰順するのは当然のことだ。毛沢東は日本の侵略軍と戦い、国民党軍を敗走させるなど、一連の軍事行動を通じて中国を手に入れた。中華帝国再建にもやはり軍事行動は欠かせない。こうした理由で中国は、朝鮮半島への軍事介入、チベット侵攻、金門島砲撃、台湾への絶え間ない軍事威嚇、チベット国境をめぐって争うインドへの攻撃、ソ連との軍事対決、ベトナムへの大規模な軍事支援などを行なった。

中国の地図では、人民解放軍が実際に制圧した地域をはるか北、南、西に越えたところに国境線が描かれた。ほんのわずかな間でも中国が支配した地域はみな、正当な中国領土と見なされたのだ。一九五三年、最後まで中国に残っていた外国人のカトリック司祭が中国を離れた。そのなかの一人だった聖コロンバン会の宣教師シーマス・オライリーは、共産党地方支部で尋問を受けたが、その際にベトナム、ラオス、カンボジア、ビルマ、タイ、シンガポール、つまり東南アジア全土が中国国境の内側におさまった地図を見たと証言している。

しかし、そのような地図は内輪限りのものとされた。毛沢東は、中華帝国の領土を取り戻すための軍事力行使には前向きの姿勢をみせたが、帝国の野心を口にするのは柄にもなく遠慮していた。朝鮮半島やチベットで中国軍が戦闘を行なっている最中でさえ、「我が国は決して覇権を求めているのではない」と世界をけむに巻いた。敵が撃破された後ならば、独裁の目的を国民に告げたかもしれないが、国境沿いには強力な敵軍が列をなしていた。アメリカは日本と韓国を占領し、フィリピン、タイに基地を置いていた。香港とマレーシアはイギリスが押さえていた。かつての同盟国ソ連までもが、満州、内モンゴル、新疆の広大な一帯を占領していたのだ。

「包囲されたら策略を用いよ」。孫子の教えである。したたかな周恩来《ジョウエンライ》首相を部長（大臣）とする中華人民共和国外交部は、一計ではなく三計を案じた。第一は、ソ連中心の共産圏でその忠実な一員としての役割を果たすこと。第二は、第三世界の一員（実際は指導国）として、反植民地政策の姿勢をとること。こうした姿勢をとることは、例えばインドに対して非常に効果があった。そして第三の策略は、ウェストファリア体制〔訳注：多数の国が参加して国際紛争解決のために話し合う国際関係〕への参加国としての責任を果たすふりをすること、国際合意と国境線とを尊重する国、多数国のなかの単なる国民国家のふりをすることだ。この第三の策略は、時の経過とともにますます有効になることがわかる。

この三つの姿勢は、精巧に練り上げられた策略にふさわしく、いずれも中国の真の姿をある程度までは反映しているように見える。

毛沢東の立場としては、共産主義を受け入れた以上、国際共産主義社会には口先だけでも尽くす必要があるのだが、中国の「革命家であり、政治家であり、理論家であり、科学者でもある」毛沢東と、スターリンとの関係は、初めから込み入っていた。毛沢東はスターリンからの援助に感謝していたが、スターリンの望みは中国が統一されないまま弱小国でいることではないかと疑っていた。そのため、スターリンの助言は聞き入れられるよりも拒否されることの方が多かった。一九三六年、毛沢東は、スターリンのコミンテルンの息のかかったモスクワ帰りの王明《ワンミン》ら「二十八人のボリシェビキ」を国外追放し、自らが進めていたゲリラ活動に対するソ連政府の干渉を排除する。また、一九四五年には、人民解放軍を解散して蒋介石の国民党政府に加わってはどうかというスターリンのとんでもない提案を即座に拒絶する。後に毛沢東は、この馬鹿げた提案をお笑い種《ぐさ》にしている。

太平洋戦争の最終盤に参戦したソ連は、内モンゴル、満州、新疆を占領した。それでも毛沢東は、中国の主権を侵すこのソ連の行為を座視するしかなかった。中国共産党が内戦を制すると毛はモスクワに出向き、二カ月にも及ぶスターリンとの困難な交渉を開始した。一九五〇年二月十二日に毛沢東とスターリンが調印した友好同盟相互援助条約は、ソ連の影響が中国国内の政治や経済にまで及ぶ条件になっており、まざまざと植民地時代を思い起こさせるものだった。一九三〇年代の終わり、毛沢東は、アメリカのジャーナリスト、エドガー・スノーに、モンゴルは「自動的に新生中国の一部になるだろう」と語っていた。ところが、「モンゴル人民共和国」という中国から分離した国の存在を認めさせられたのだ。

毛沢東は一九五八年まで、このときの交渉経過について公然と不満を漏らしていた。「一九五〇年に、私はモスクワに赴いてスターリンと二カ月にわたって交渉をした。相互援助、東清鉄道、中ソ合弁会社や国境線といった問題について、我々が取ることのできた態度は二つだった。相手方の提案に我々が同意しない場合、話し合うことが一つ。もう一つは、相手方が無条件の要求をしてきた場合は提案をそのまま呑むことだ。これは社会主義のためを思ってのことだった」。

ソ連の「植民地主義」には不満を覚えたが、毛沢東が考えていたソ連軍の中国領からの撤退、東清鉄道と大連・旅順の返還、領土問題でのそれ以上の譲歩の拒否、などの基本的な目的は果たすことができた。毛沢東は、中国の威厳を復活させようと思い定めていた。そのためには、たとえ同じ思想陣営の国、ソ連であろうとも、帝国主義的姿勢をとるならば、これに叩頭するつもりはなかった。中国人にしてみれば、ソ連に指導的立場に立たれるのは、（その評価が正しいかどうかはさておき）文化的に劣ると見下している民族に支配されるということだ。「餓国」ソ連にこれ以上中国の領土をむさぼり食わせてはならない。

一九五〇年一月十二日、米国務長官アチソンがナショナル・プレス・クラブで演説を行なった。その要旨は、中国が欧米の干渉から解放されれば、直ちにソ連と袂《たもと》を分かつだろうというものだった。アチソンは、ソ連による内モンゴル、外モンゴル、新疆、満州の「吸収」が、アジアとアジア外勢力との関係を考えるうえで最も重要視されるべきだと強調し、さらに、「当然、中国国民には怒りや復讐心、憎悪感が生まれてくる。その矛先がソ連からアメリカに向けられる」ことのないよう、アメリカは中国との衝突を避けなければならないとも主張した。

皮肉にもこのアチソン演説は、中ソ決裂を予言した洞察としてではなく、朝鮮半島で紛争が勃発する引き金となった発言として人々の記憶に残っている。アチソンが、韓国はスターリンの侵攻目標ではないと確信し、アメリカのアジア防衛線内に韓国を含めなかったことはよく知られている。その後まもなく、朝鮮労働党の独裁者金日成《キムイルソン》は、韓国への限定攻撃にスターリンの合意を取りつける。そして一九五〇年六月二十五日、北朝鮮軍は全軍を挙げて国境を越え、ほとんど無防備だった韓国を急襲した。

毛沢東の中国にとって、朝鮮戦争はかつての属国に対して中国古来の「覇権」を再び宣言する、最初の好機だった。世界中の注目が朝鮮半島に集まっている間に、毛沢東は人民解放軍の小部隊でチベットを制圧した。ダライ・ラマは一九五〇年十月二十一日、中国のチベット統治権を認める文書に署名させられた。チベットは中国の保護領となり、内政についてのみ、しばらくの自治が認められた。

一方、朝鮮半島の戦況は、急速に金日成の不利に傾いていた。一九五〇年十一月下旬、ダグラス・マッカーサー元帥率いる米軍は、中国と朝鮮との国境、鴨緑江《おうりょくこう》に迫っていた。王国の夢が道半ばにして潰《つい》えそうになった金日成は中国に救援を求めた。これこそまさしく、外国勢力の脅威にさらされた進貢国として望ましい態度だった。

毛沢東は、威厳に満ちた皇帝の姿勢でこの要請を受け、大規模な「義勇」軍を戦場に投入する。脅威に反応したものではなく、好機ととらえたうえでの対応策だった。まさに、かつての進貢国と将来の進貢国に対する宗主権復活の好機だったのである。中国軍は多大な損害にもかまわず波状攻撃で米軍を圧倒して進撃を続け、ついに前線を三十八度線の南まで押し戻した。激しい戦闘の末、一九五一年十月〔訳注：休戦協定の調印は一九五三年七月。五一年七月が休戦会談の開始月。休戦協定につながる交渉は五一年十月から板門店で開始。この五一年十月には主要な戦闘が収束している〕、前線は三十八度線付近で膠着し、金日成の建設途上の王国は回復された。

一九五八年、毛沢東は中国軍の幹部を前にした演説で朝鮮戦争を総括し、「アメリカを破り、貴重な経験を得た大きな戦い」だったと評価している。ただ、朝鮮戦争を軍事に限って見た場合、毛の発言はただの自惚れにすぎないのかもしれない。つまるところ、人民解放軍は少なくとも兵士二十五万（米軍の戦死者は三万四千）を失い、元来の南北朝鮮の国境を越えた領土は獲得できず、交渉による休戦で手を打ったということだからだ。

とはいえ、進貢国を取り戻す努力という観点から見れば、中国の軍事介入は印象的な第一歩だった。アメリカと互角に戦ったことで、中国は重要な軍事国としての地位を確立した。朝鮮戦争に地上軍を投入することをためらったソ連に強烈な印象を与えることもできた。もっと肝心な点は、少なくとも朝鮮半島の北半分を、中国に依存する昔ながらの関係に引き戻すことができたということだ。中国は、アジアの覇権を回復する第一歩を踏み出したのである。

●——激化する中ソ対立と核兵器への執着

毛沢東は、ソ連が中ソ関係での主導権を握ることを決してこころよく思わなかったが、表立ってのソ連批判は長年控えていた。だが、一九五六年二月、第二十回ソビエト共産党大会でのフルシチョフがスターリンを批判した「秘密演説」が転換点となる。ソ連指導者を密かに批判することに対するやましさが、これですべて吹き飛んでしまったからだ。一九五六年、毛沢東は共産党政治局でこう警告している。「ソ連盲従はやめなければならない。……どんな屁にもそれなりの臭いがある。ソ連の屁の臭いがみな、素晴らしいとは限らない」。

毛は、中国人がソ連のものなら何でも崇拝することに苛立っていた。あるときはこんな愚痴をこぼしている。「卵や鶏は食べない方がよいという記事がソ連で出てから、もう三年も卵や鶏のスープを食べさせてもらえない。……記事の内容がまっとうかどうかなどはどうでもいいのだが、中国人が何であろうともありがたがって追従するのが嘆かわしいのだ」

また、自分とスターリンとを描く中国人の画家たちを揶揄して、「私の背丈はいつも少しばかり低く描かれる。画家が、無意識のうちにソ連の精神的なプレッシャーに負けているからだ」と言っている。

ただし、毛沢東は公にはいかにも懐柔されたかのような態度を保った。もっぱら、ソ連の核兵器を手に入れる狙いがあったからである。

核兵器への毛の欲求はとどまるところを知らなかった。核兵器を手に入れて、獲得したばかりの大国の地位を確かなものにするのだ。毛沢東は、当初ソ連が、中国に自らの核基地建設を提案してきたとき、中国の主権をないがしろにするものとして拒否した。しかしその後、毛はフルシチョフに、ソ連の中国核開発への援助をどうにか認めさせた。一九五五年には中ソ原子力協力協定が締結され、一九五七年、核開発技術供与に関する最終合意がなされた。この合意についてフルシチョフは、「中国が我が国に求めたものは何でも提供した。秘密は一切なかった。我が国の専門家は、一生懸命に爆弾を造ろうとしている中国の技術者や設計者に協力を惜しまなかった」と回顧している。

ソ連が試作段階の原爆を中国に提供しようとした矢先、毛沢東は台湾を武力で威嚇し、中国の力を見せつけた。これを見てソ連側は動揺する。一九五八年九月、中国は、中国本土に近い台湾領金門《ジンメン》島と馬祖《マーズー》島を攻略する準備を進めていた。フルシチョフは毛に警告を発するが、もはやソ連の軍事的な助言を重視していなかった毛は、露骨に不快感をあらわにした。フルシチョフがアメリカも核兵器を所有していると指摘しても、毛は多くの犠牲者が出ることへの懸念を苦もなく一蹴した。「我が国が三億人失ったからといってどうだと言うのです。そのくらい、我が国の女性が一世代で産んでくれますよ」。「偉大なる舵取り」はそう言い放ち、フルシチョフを唖然とさせた。

一九五九年六月、ソ連が中国への核兵器供与についての合意を一方的に破棄したのは驚くべきことではない。だが、毛沢東は激怒した。同年九月、毛は強い口調でソ連が中国の内政に干渉していると非難し、軍事委員会でこう発言した。「我が祖国のあずかり知らぬところで外国と共謀することは、断じて許せない」。その後まもなく中国は、ソ連が「修正社会主義国」であり、アメリカの「帝国主義」よりもさらに大きな脅威であると、全世界に向けて訴え始める。独自の路線を歩みだした中国は、世界革命運動の一翼を担う共産主義国家から世界支配を着々と進める「よみがえった覇権国」へと、その姿を変えていった。

中国で文化大革命が始まるとソ連との論戦は激しさを増し、六千キロ以上に及ぶ中ソ国境の数カ所で武力衝突も起こるようになった。毛沢東は国境警備を強化する。一九六九年三月二日には大隊規模の人民解放軍が国家主席の命令を受け、ソ連軍の偵察部隊に烏蘇里江（ウスリー江）河岸で待ち伏せ攻撃を加えた。ソ連も即座に報復攻撃を行ない、以来二年間、中ソ国境付近では小規模な衝突がいたるところで相次いだ。

一九六九年の四月一日から二十四日間にわたって開催された共産党第九回全国人民代表大会では、覇権国としての面子があからさまになった。大会演説で公表されたのは、当時、毛沢東の後継者と目されていた林彪《リンピアオ》のそれだけで、中身は、第三次世界大戦が起これば革命が助長され、修正社会主義や帝国主義は根絶されるだろう、という毛沢東理論の復唱だった。林彪は「我々は通常兵器による戦争にも核戦争にも備えなければならない。ソ連もアメリカも張り子の虎である」と述べ、さらに、現在の中ソ国境をもとに交渉を始めることは可能だが、ソ連はまず、現在の国境を定めた条約は「不平等条約」だと認めなければならないと明言した。

ソ連はソ連で、中国の主要都市に対して核兵器を使用すると脅し、重装備の機動強襲部隊四個師団を国境沿いに配置した。この危機的な状況は次第に落ち着き、国境線が変更されることもなかった。しかし中国の主張は明白で、「現在の国境線をどうにかしたければ力ずくでやれ、中国の黙許は期待するな」ということだった。

紅衛兵に破壊されたチベット僧院

一九五〇年、人民解放軍がチベットに侵攻し、ダライ・ラマ政権は次第に孤立していった。国際社会の非難に対して、中国政府はにべもなく、チベット問題は純粋に国内問題だとの回答を送りつけた。まず、ヒマラヤ・チベット高原は何百年も昔から中国の不可分の一部である、というのが中国政府の言い分だった。そしてそもの話として、七世紀に唐皇帝の李世民《りせいみん》(太宗)が皇女・文成《ぶんせい》を吐蕃《とばん》(チベット)のソンツェン・ガンポ大王に嫁がせて以来、チベットは中国の勢力下にあると続く。さらには、皇女・文成が粗野なチベット人に文明を授け、そのとき以来、チベット人とチベットは中国に恩義を感じ、優れた中国文明の影響を受けることになったと言うのだ。

だが実際は、太宗が美貌の才媛として誉れ高い愛娘をソンツェン・ガンポに嫁がせたのは、唐がこのヒマラヤ山麓の隣国の軍事力にしかるべき敬意を払い、和平を申し出たためであって、チベットの文明化が目的だったのではない。もしチベット王の方から中国文化との深い交流を求めていたとすれば、逆に貢ぎ物はチベットから中国へと贈られていたはずである。

中国共産党は、チベットの自治権を尊重すると確約しておきながら、一九五〇年代には、その政治制度と宗教組織の息の根を止めにかかった。もともとチベットの国土だった地域は大きく切り取られ、中国人が多数を占める中国の省に編入された。中国の「大躍進」の時期には、毛沢東配下の共産党員がチベットに階級闘争を持ち込み、寺院は略奪され、僧侶は殺害された。その大混乱のあいだに中国化が加速する。一九五九年、チベット人が抗議のために立ち上がると、中国政府は、チベット政府が「反乱を扇動」したとして武力でチベット支配を完成させた。

一九五九年三月二十五日、激戦の後、中国共産党軍が首都ラサを占領し、ダライ・ラマは首都を脱出した。中国政府は「中国人民解放軍はラサで起こった反乱を速やかに鎮圧した。その他の地域の反徒もまもなく制圧されるであろう」と発表した。ダライ・ラマを頂くチベット政府は正式に解体され、代わりに、わずか二十一歳のパンチェン・ラマを首班とする傀儡政権が誕生した。チベット人は、十三世紀以来維持してきた自国の統治権を完全に失ったのだった。

中国共産党はこの軍事介入を正当化するために、組織的な宣伝活動を展開して虚構のチベット像を作り上げた。労働もせずに特権をむさぼる僧侶階級が一般大衆を食いものにしている国チベット、残酷で邪悪な神権政治、苦役、広大な寺領、懶惰《らんだ》な僧侶、淫蕩にふける僧院長など、胸くそが悪くなるような作り話が次々にひねり出された。一九九八年になっても江沢民総書記は、中国共産党がチベットの僧侶による「奴隷政治」を撲滅したと自賛している。

中国政府は、半遊牧生活を送るチベットの人々を統制するために集団農場をつくって収容した。それは、いわば新しい形態の農奴制で、チベット史上最悪の制度だった。中国の集団農場は経済的にも環境保護の面でも過去に例を見ない大失政だったが、チベットでも同じく不首尾に終わった。チベットではもともと大麦の栽培が好まれていたのだが、チベット農政に携わった中国当局は、小麦の栽培を命じた。しかし、ヒマラヤの高地では、小麦は生育に必要な期間が十分にとれないためにうまく育たず、チベットは食糧不足に陥った。

一方、寺院から追い出された僧侶たちは集団農場で農作業に従事させられた。一九六二年、パンチェン・ラマが書いた七万字に及ぶ嘆願書によると、一九五九年の武装蜂起直後、チベットに二千はあった寺院の九十七パーセントが、おそらくは人民解放軍によって破壊された。

その数年後、この破壊活動は文化大革命によって徹底的に行なわれた。毛沢東共産党主席の紅衛兵による破壊の傷跡は中国全土に及んだが、中国文化圏の外にあるチベットの被害はとりわけ凄まじかった。政府の思想宣伝に誑《たぶら》かされた狂信的な紅衛兵は、腐敗した搾取的な封建制度をすみずみまで体現するものこそ、チベットと見なしたのだ。そこで、つるはしやシャベル、あるいは素手でもかまわず、ありとあらゆる寺院や宗教的な工芸作品の破壊にとりかかった。この破壊の猛威が収まるころには、チベット中のストゥーパ（仏塔）やラマ教の僧院は完全に廃墟と化していた。

●――ネルーの虚を衝いてのインド急襲

インドのネルー首相は、チベット人や多くの自国民から、中国の新たな覇権に否定的評価を下すように求められたが、チベットにおける中国の「権利」を認める方針を貫いた。だが、一九五九年、インドに「新しい中国」への寛容な姿勢に対する手痛いつけが回ってきた。その年、ダライ・ラマとその追従者の問題にけりをつけた中国は、当時のインド＝チベット国境に至る軍用道路の建設を開始した。そして九月初旬、中国軍はチベットから国境を越えてインドに侵入する。

中国の侵攻は、完全にネルーの虚《きよ》を衝くものだった。だがそれはネルーの認識が甘かったためではなく、おそらく、インドも中国も帝国主義勢力の犠牲者同士ではないかという周恩来の甘言の賜物《たまもの》だろう。中国の周恩来首相が初めてネルーと会見したのは、一九五四年四月から開催されたインドシナ紛争の休戦協定を話し合うジュネーブ会議の合間をぬってニューデリーに立ち寄ったときだった。周恩来は第二インター〔訳注：第二インターナショナル。一八八九〜一九二〇年。パリで創設された各国社会主義政党・労働党の連合組織。反戦平和を主張〕的戦略を完璧に体現し、操って、いかにも中国が反植民地主義、反帝国主義国であり、生粋の第三世界の国であるかのように描いてみせ、ネルーもそう認識したのだ。

ネルーが初めから好意的な姿勢で中華人民共和国に応援したのは確かだ。「資本主義」諸国のなかで、初めて中華人民共和国を承認したのはインドだった（一九五〇年四月）。また、中国の国連加盟を後押しした非共産圏諸国の中心となったのもインドであり、さらに朝鮮戦争の際に、中国とアメリカとの仲裁の先頭に立ったのもやはりインドだった。

一九五四年、周恩来がインドを訪問したときに出された共同声明は、中国の「平和共存五原則」に基づくものだった。ネルーは勇んで、以後の中国とインドの関係は、「領土・主権の相互尊重」「相互不可侵」「相互内政不干渉」「平等互恵」「平和共存」の五原則に基づくものとなろう、と宣言した。この高邁《こうまい》な原則は一九五五年、ニューデリーで開催されたアジア諸国会議とインドネシアのバンドンで開催されたアジア・アフリカ会議でも再確認されている。このときネルーはすでに周恩来の後見役を任じており、アジア各地の政府転覆を図るゲリラ活動への中国の支援を取りつけ、周恩来の理想の推進に前向きな姿勢を見せた。周恩来の方でも、「バンドン精神」について、これは平和五原則に基づいて平和裡にアジアの非同盟諸国の支持を得ようとする新しい考え方だ、と持ち上げていた。平和五原則とバンドン精神とに幻惑されたネルーには、インドと中国の国益は基本的には相容れないものだという現実に目を向けることができなかったのだ。

国連のインド代表団が中華人民共和国の国連加盟を認めるよう総会に訴えていた、まさにその日、中国人民解放軍が中国＝インド国境を越えてインドに侵攻した。この背信行為に思いをめぐらしているあいだにも中国軍は南下を続け、シッキム〔訳注：ヒマラヤ南麓にあったインドの保護国、現在はインドの一州〕とインドへの侵入を監視するための二つの重要な峠を占拠した。

ネルーは中国＝インド国境の散発的な武力衝突を放置していたが、二年後、ようやく軍部の訴えを聞き入れ、中国軍迎撃を許可した。だがインド軍の作戦がまずく、中国軍への攻撃は悲惨な結果に終わる。中国軍の進軍は勢いを増した。領有権が争われていた何万平方キロメートルもの土地が中国軍に占領されると、ネルーはあわててソ連とアメリカに支援を要請した。ソ連政府は中国軍の南下を激しく非難し、米海軍の第七艦隊はベンガル湾に急行した。中国は、そのときにはすでに目的を果たしていたので休戦を申し出た。ネルーは、中国軍がガンジス川河岸まで達するのではないかと本気で心配し始めていたため、喜んで休戦に応じた。

東南アジア諸国への赤い触手

中華人民共和国は、マレーシアやインドネシア、日本、ビルマ、インド、タイで、毛沢東主義を信奉する「共産党」を当初から支援していた。マレーシアでは共産党が武装蜂起し、ゲリラ活動を展開するが、中国は最後までこれを助け続けた。だが、周恩来はバンドン会議で宥和姿勢を示し、中国以外の国に住み、その国の国籍を取得した中国人は、その国の善良な市民であらねばならないと主張する。しかし、周恩来の立派な意見表明も、中国が東南アジアの華僑社会を通じ、各地の共産主義運動を扇動しているのではないかという疑念を払拭することはできなかった。

中国政府はインド侵攻後、東南アジア諸国を相手に新たな好戦性を発揮し始めた。既にバンドン精神は過去のものとなっていた。中国がそれに代わる外交方針として採用したのは、中国古来の「遠交近攻」、つまり、遠方の国とは宥和を図り近くの国は攻めよ、という教えだった。遠く離れた国々、カナダ、イタリア、ベルギー、チリ、メキシコには、中華人民共和国を正統国家として承認するようにはたらきかけ、ビルマ、インドネシア、タイ、インド、ラオスといった近隣諸国には、言論攻撃、そして時には武力攻撃をしかけた。

中国が攻撃目標に特定したのはラオスだった。この国はカンボジア、南ベトナムとともに、東南アジア条約機構（SEATO）が中国の拡大を防止する対象地域に指定したインドシナ半島三カ国に含まれていた。ラオスは面積も人口も大きな国ではないが、中国、北ベトナム、また、ビルマ、タイ、カンボジア、南ベトナムといった非共産国に取り囲まれていて、戦略的に非常に重要な位置にあった。そしてまた、何世紀も前には中国に朝貢していた国でもあった。

ラオスの共産主義ゲリラ勢力、ラオス愛国戦線（パテトラオ）は、一九五〇年代の終わりから中国の軍事援助を受け始め、その規模は次第に拡大していった。アメリカも、ラオス政府への経済援助と軍事援助を拡大してこれに対抗した。

一九五九年、北ベトナムが国境を越えてラオス愛国戦線に援軍を送ったことにより、国内戦闘が激化する。ラオス政府は九月四日、国連に対し、北ベトナムのラオス侵略に対抗する国連軍を緊急派遣するよう要請した。アメリカはソ連と中国に、この地域の平和を脅かす新たな事態が起これば対抗する用意があると警告する。中国はラオス愛国戦線への援助を拡大してアメリカの警告に応えた。結局、ラオス愛国戦線がラオスを制圧し、中国はラオスを自国の勢力圏に引き戻すことに成功した。

六〇年代初頭、アメリカが南ベトナムに軍事援助を始めると、中国も進貢国の救援に乗りだした。アメリカ主導の北ベトナム進攻を牽制するために、中国と北ベトナムとの国境に大規模部隊を配置したほか、ベトナム内部にも援軍を送った。ある調査報告によると、一九六五年から一九七二年の間にベトナム戦争に従軍した中国人民解放軍の兵士の数は三十二万を超え、一九六七年には最大の兵員十七万を記録している。これらの兵士は主に対空戦闘と工兵科の任務に就いて、米軍機への攻撃や、爆撃で破壊された交通要衝の復旧にあたった。

インドネシアでは一九六二年、中国の支持と支援を受けたインドネシア共産党が、スカルノ大統領に対する反感を強めていた軍部内右派勢力を一掃するために、クーデターを起こした。だがこの目論見は、中国政府の期待とは逆の効果をもたらす結果となった。クーデター失敗の後、共産主義者と目された人々を対象とする血の粛清が行なわれ、その結果、たちまち反中国感情が形成された。命を落とした人の数は百万にも上り、その多くが中国人だった。そのため、インドネシアでは少数民族の中国人が掌握していた、食料品の流通をはじめとする主な経済部門は崩壊してしまう。かつてジャワ島とスマトラ島が中華帝国の軍勢に攻撃されたことがあったが、その何世紀かの後、インドネシア群島は再び、中国による支配を免れたのだった。

●——アイゼンハワーは台湾防衛に「核使用も辞さず」

毛沢東は、ずっと台湾奪還に執着し続けていた。「偉大なる舵取り」毛沢東は、朝鮮戦争の休戦成立後、ただちに人民解放軍に台湾侵攻の準備を命じた。毛はこれを、先延ばしになっていた国共内戦の最終決戦としたかったのだ。ただ、一つ問題があった。人民解放軍の台湾上陸部隊は、幅百五十キロの台湾海峡を横断しなければならない。台湾海峡では、米海軍第七艦隊の空母や巡洋艦が警戒にあたっていた。さらにはアメリカの軍事顧問団が増員中の国民党軍の教育と訓練を指導していたため、国民党軍は非常に強化されつつあった。

中国国営新華社通信は一九五四年八月十四日、「アメリカ帝国主義者」の「台湾占領」を激しく非難し、台湾島は必要に応じて武力で「解放」されるだろうと伝えた。人民解放軍でも実戦経験の豊富な複数個の師団が移動し、福建省の海岸沿いに集結した。そして、南シナ海上空にはミグ戦闘機が現われた。

蒋介石も負けてはいなかった。国民党軍に警戒態勢をとらせ、国民党軍が占領していた群島の兵力を増強した。アメリカのアイゼンハワー大統領も、中華人民共和国の敵意に満ちた態度には動じなかった。八月十七日の記者会見で中国の開戦準備について質問されると、いかなる攻撃からも台湾を防衛せよ、と第七艦隊に宛てた命令は再度確認されたばかりだ、と答えている。また、ある退役将官は、ポルトガル語で台湾を指してこう言った。「イラ・フォルモサ（美しい島）に侵攻するなら、まず第七艦隊がお相手しようじゃないか」。

中国は、台湾本島への全面侵攻を思いとどまり、中国沖合いの島々に目を向けた。攻撃の主目標は、上海と台湾の基隆《チーロン》との中間に位置する大陳列島と、中国の福州港から台湾北端方向の沖合十六キロにある馬祖列島、それに厦門《アモイ》の三キロ先の沖にある金門島だった。中華民国とアメリカは、これらの島々を活用して中国南部の海岸線をある程度効果的に封鎖することができ、さらには情報収集のための拠点や奇襲部隊の基地としても使えた。蒋介石も毛沢東も、この島々を対岸への踏み石ととらえていた。毛沢東は、台湾に侵攻する準備段階としてこの島々を攻略することが必須と考えた。一方、蒋介石は、中国本土を奪還するときには、この島々を補給基地として利用するつもりだったのである。

九月三日、中華人民共和国は、金門島と小金門島への激しい砲撃を開始した。国民党中華民国も、空軍機で中国本土の砲兵陣地を爆撃して応戦した。中国軍の侵攻が近いと判断した国民党政府は、アメリカに応援を求めた。だがアイゼンハワーは、実際に侵攻が始まるまで動こうとはしなかった。侵攻開始後に、それが限定された地域だけの上陸作戦か、台湾本島への上陸もあり得るのかを見極めるつもりだったのだ。台湾本島は防衛するが、沖合いの島は失われてもかまわないというのがアイゼンハワーの基本的な考え方だった。この考え方は、まもなく一九五四年十二月二日に結ばれる米台相互防衛条約に明記されることになっていた。

アイゼンハワーが動かないのを見て、中国はアメリカの介入はないと判断し、一九五五年一月二十日、大陳列島北端の一江山島を強襲した。守備隊七百二十名は全滅した。アイゼンハワーは大陳列島の残りの二つの島も防衛不可能と確信し、二島の放棄を蒋介石に迫る一方、二万の民間人と一万一千の国民党駐留軍の第七艦隊による引き揚げを申し出た。蒋介石はやむを得ずアイゼンハワーの提案を呑み、一九五五年二月六日に撤退が完了した。

このとき、アイゼンハワーは中華人民共和国に対し、その他の島への攻撃は断固阻止し、必要があれば核兵器の使用も辞さないと警告した。アメリカの意向をさらに明確にするため、アイゼンハワーは一月二十五日、「フォルモサ（台湾）とペスカドーレ諸島（澎湖諸島）」、場合によってはその他の「関連地域（アイゼンハワーは具体的に規定しなかった）の安全確保」に必要な措置を取る権限を大統領に与える議案を議会に提出した。この議案は二月二十六日に可決され、中華民国・台湾へのさらなる攻撃には米国大統領と議会が結束して抵抗する意思を固めたことが中国政府に明示された。この決議では、数週間前に上院で批准承認された米台相互防衛条約の重要性がことさらに強調されていた。アメリカは中国を包囲するために各国と相互安全保障条約を結んでいたが、台湾との条約はそのなかでも非常に重要な存在とされたばかりでなく、実際に条約で定められた防衛地域そのものが、本島から遠く離れた島々まで拡大されていたのだった。

国際社会でも際立つ中国の好戦性

結局、中国が武力行使によって手に入れたのは、あまり重要でない幾つかの島だけだった。さらに攻撃を続ければ、間違いなくアメリカからの苛烈な報復攻撃が待っていると見た毛沢東は方針を変えた。突然、金門島と馬祖島への砲撃が止み、あわただしく進められていた上陸攻撃の準備も中止された。

一九五五年四月、いつもと変わらず、にこやかな周恩来がバンドン会議に現われた。周恩来が携えているのは「平和五原則」であり、中華人民共和国は海峡をまたぐ緊張を和らげる方策を話し合うために、喜んでアメリカとの交渉のテーブルに着こうというのだ。

五月末には、非公式ながら台湾海峡での停戦が実現した。そしてアメリカと中華人民共和国の会談がジュネーブで始まるのだが、この交渉は数カ月の長きに及んだ。アメリカ政府は再三、台湾周辺での武力行使を放棄するように主張したが、中国はこれに取り合わず、当たり障りのない世界平和宣言で折り合おうとした。しかもそれは、閣僚級の交渉の場を継続して持つことが交換条件だった。都合七十三回の話し合いが持たれたが、交渉は手づまり状態が続いた。結局、正式な停戦には至らず、その後も中華人民共和国が武力行使の放棄に同意することはなかった。

それどころか、中国の好戦性は従来と変わらないことがまたもや明らかとなった。中国は台湾対岸に引き続き軍事基地を構築し、新しい軍用飛行場を数カ所に建設した。このような軍事行動を憂慮したアメリカは一九五七年、核兵器の搭載も可能な巡航ミサイルを台湾に配備する。台湾中部の台中市近郊では、B52戦略爆撃機が離着陸できる長さの滑走路を持つ、大規模な空軍基地建設が始まった。中華民国自身も沖合いの島々を要塞化し、駐留部隊の増強を図った。

一九五七年、ソ連が人類初の人工衛星スプートニクの打ち上げに成功した。毛沢東は、これで共産圏がアメリカに大きく先行したことが証明されたと考え、その新たな戦略的な優位性を前面に押し出そうとした。

毛沢東が北京でフルシチョフと会談した後、一九五八年八月二十三日、中国は突然、金門島に対して激しい砲撃を開始した。何万発もの砲弾が雨のように降り注ぎ、人民解放軍の空軍機が機銃掃射を浴びせた。海上では魚雷艇が国民党軍の護衛艦や輸送船を攻撃した。八月二十九日、北京放送は、金門島への上陸作戦が近いと伝え、金門島の国民党軍十万は警戒態勢を取った。人民解放軍の魚雷艇が島を包囲するように走りまわり、金門島の接岸可能な海岸や飛行場は集中砲火を浴びて使用不能となった。だがこの攻撃は陽動作戦だった。本当の狙いは、金門島の封鎖にあった。台湾本島からの増援や補給が止まれば、金門島の守備隊が降伏するのは時間の問題となるからだ。

中華人民共和国の最終目標は台湾本島の奪取にあると理解したアイゼンハワーは、周辺の島への侵攻をただちにやめるよう、人民共和国政府に向かって公然と警告を発し、ラジオ演説でこう述べた。「中国共産党が金門島を占領したとして、それですべてが終わりなのだろうか。……中国は、今回の軍事行動がフォルモサ（台湾）占領作戦の一環であることをあからさまに示しているのである。……このような企みは、西太平洋の自由世界そのものを消滅させようとするものだ」。

アメリカは、台湾防衛はアメリカが自らに課した義務であることを誇示するために、大量の近代兵器を台湾に送った。さらには台湾南部の海岸において、米海兵隊と国民党軍との大規模な合同上陸作戦の実戦演習を実施した。

その間も金門島封鎖は続いた。二週間が経過した九月七日、中華民国の補給船団が米第七艦隊と自国海軍の戦闘艦に護衛されて、包囲された島に直航した。アメリカの小艦隊は金門島から三海里のところまで補給船を護衛し、補給船が接岸して積み荷を降ろす間、後方で待機した。アメリカ艦隊の司令官は、攻撃された場合に応戦する許可を得ていたが、人民解放軍の火器は沈黙したままだった。毛沢東は見て見ぬふりをしたのだ。

その後も中国の不可解なふるまいは続く。十月二十五日に「偶数日」停戦が公告され、それが島の日常になっていく。偶数日には護衛船団が攻撃もされずに島にやってくる。奇数日の攻撃は続いていたが、それも次第に縮小していく。台湾のマスコミは、これを「あこぎなゲーム」だと非難した。アイゼンハワーはこの状態を「パロディー戦争《ギルバート・アンド・サリバン・ウオー》」と揶揄した。

台湾海峡の危機はついに去った。共産主義国家の侵攻はところを問わず許さないとするアイゼンハワーとダレス国務長官の方針は、中華民国の国民党政府の決意もあって貫徹された。それは、中国共産党が「大躍進」の失敗と、これに起因する極度の食糧不足、チベットの不穏な動きなど、増大する国内問題にしばし忙殺されたためであったのかもしれない。いずれにしても、その後何十年にわたって散発的な砲撃は行なわれるにせよ、中国沖の島々の領有をめぐって、中華人民共和国が中華民国・台湾に対決姿勢を見せることはなくなるのだ。

中華人民共和国は平和愛好を表現する技術に長けているため、武力政治の国と非難されることがほとんどなかった。だが長年にわたって周辺の民族を侵略し続けてきた中国の歴史を見れば、武力政治の国と評価されるのが妥当だろう。建国後わずか数十年という短い期間に、朝鮮戦争に軍事介入し、チベット侵攻とその併合を行ない、東南アジア全域でのゲリラ活動を支援し、インドを攻撃し、インドネシアでクーデターを扇動し、ソ連との国境紛争を引き起こし、そして対岸の台湾との間に危機的な状況を繰り返し生み出してきた。この中国は、中華帝国の新たな権化として、先達が示した道を忠実に歩んでいると言えるのかもしれない。

毛沢東もその後継者たちも、人民解放軍を派遣する機会があれば、躊躇してその機会を逃すことなどまずなかった。特に、問題が旧進貢国に関係する場合はそうだった。そして、古い時代に進貢国だった国のほとんどが、いま中国と国境を接しているのだ。

中国はイスラム国家ほど軍国主義とは思われていないが、実は、国際紛争の解決を武力に訴える頻度は中国の方がずっと高い。一九八七年までに中国が外国との紛争に武力を使った割合は、平均すると実に七十六・九パーセントにもなるのだ。これに対してイスラム国家が武力を使用した率は五十三・五パーセントだ。ソ連＝二十八・五パーセント、アメリカ＝十七・九パーセント、イギリス＝十一・五パーセントと比較すれば、武力行使の性癖はさらに際立つ。アメリカの著名な国際政治学者サミュエル・ハンチントンの言葉を引用して言うと、「中国の国境線は血で描かれている」のだ。

第四章

大中華主義が鼓舞するナショナリズム

●──毛沢東が自覚していた経済的蹉跌

毛沢東の生涯は「ままならないもの」だった。この中華人民共和国建国の父は、中国の失った威厳の奪回、いまだ引き離されたままの旧領土の回復、そしてアジアの広大な地域の再支配を切に望んだが、どれ一つ成功したとは言えないからだ。

毛沢東が行なった数々の政策は確かに華々しかった。しかし、やはり失政には違いない。毛沢東が次々に打ち出した工業国有化、農業集団化、大躍進、文化大革命など、それらの政策のどれをとっても、中国を一流国の地位に押し上げることに失敗した例ばかりだ。

要するに、毛沢東は中華帝国全土の再統一という目標を達成することなくこの世を去った。国共内戦に勝てたのはマルクス・レーニン主義のおかげだったが、奇妙にもその同じ思想が、中華帝国再建に必要な経済力と軍事力との獲得には妨げとなったのだ。日本から満州を、ソ連から内モンゴルと新疆を、チベットからチベット全土を、アメリカから朝鮮半島の北半分を奪い返したが、毛沢東の覇権への野望が実現したのはそこまでだった。台湾、南シナ海、モンゴル、極東ロシア、中央アジアなど、旧中華帝国の領土のほとんどは、毛の支配を免れていた。一九七三年、毛沢東はキッシンジャーにこう嘆いている。「ソ連には、百五十万平方キロメートルの国土を奪われてしまった」。

また、かつての皇帝たちとは異なって、毛沢東の権限は中国の国境を越えることはなかった。

それは、二つの勢力が中国を除くアジアを支配していたからだ。アジア大陸の北と西を支配する「社会主義的帝国・ソ連」と、東と南の海陸を支配する「資本主義的帝国・アメリカ」とその同盟国だ。

一九七六年、毛沢東が死んだとき、中国が失地回復を宣言したままとなっていた領土が四方八方にあった。北と西の失地はソ連領に含まれ、南の失地はパキスタン、インド、ネパール、シッキムの領土内、南東の失地はミャンマー（ビルマ）、タイ、ベトナム、マレーシア、インドネシア、ブルネイ、フィリピンが領有、さらに東の失地は台湾と日本が押さえていた。

ただし、毛沢東が失地回復宣言を実行に移せなかったのは、手段に事欠いていたためであり、意志がなかったせいではない。もし中国が一九五〇年代に強力な遠洋艦隊と近代的な空軍を持っていたなら、毛沢東は力ずくで台湾を手に入れようとしたに違いない。また、もし中国がソ連に対して、たとえばアメリカのカナダに対するような優位性を持っていたなら、清国政府が一八六〇年にロシアと締結した、極東ロシア沿海州を割譲する北京条約ごときは破棄していたことだろう。

毛沢東のそもそもの過ち（もし、そう呼べるならば）は、二十世紀資本主義社会と渡り合えるほどの覇権国再建のための国力増強の手段としては、まったく不適切な経済政策を選択したことだ。

確かに共産主義は、法家思想の基本構想の半分を実現するためのこの上ない動力源だった。だが、共産主義によってほどほどの「強兵」はできても、「富国」には無理があった。共産主義に依拠して毛沢東にできたことは、徴兵による巨大常備軍の展開、警察部隊の動員、ありったけの経済資源の国家への集中であった。また、中国の中核地域を毛沢東の支配下におさめたのも共産主義だ。しかし、毛沢東の共産主義の強みは、先の皇帝たちと同じく、国民の服従を強制するために発揮され、豊富な財貨の創出には役立たなかった。

簡単に言えば、共産主義には、資本主義社会と同じ速さで新たな富や技術を生み出すだけの力はない。したがって共産主義諸国では、軍隊規模の拡大はできても、資本主義諸国と敵対するのに必要な水準の兵器の装備は難しい。

晩年の毛沢東は、自らの統治下での中国経済の後退に挫折感を深めていた。毛はそれを、自らの「経済分野での経験不足」のせいにした。だが中国の経済問題は、毛主席がマクロ経済学の授業を受ければ何とかなるようなものとはほど遠い。ノーベル賞を受賞した経済学者ミルトン・フリードマンにでも直接教われば別だろうが、その前に、フリードマンが法家思想の大前提である「私有経済はパワー・ポリティクスには勝てない」という命題に物言いをつけて、銃殺されるのは間違いない。

富国強兵の手段としての開放政策

毛沢東の死後わずか三十年の今、外国人には、毛沢東思想が現在の指導者によって完全に否定されてしまったように見えることがある。だが、それはとんでもない誤解だ。中国共産党の現在の公式見解では、毛沢東の統治はおおむね（七十パーセント）適切で、一部だけ（三十パーセント）が不適切だったということになっている。中国ではかなり以前から毛沢東の経済政策は放棄され、「市場経済マルクス主義」とでも呼ぶべき政策が採られているとはいえ、現在の指導者は、その他多くの問題について故毛主席とまったく同じ意見を固持している。例えば、中国が世界で占めるべき地位や台湾奪還については、毛沢東とその後継者、鄧小平、江沢民、胡錦涛との間に明らかな見解の相違は見られない。

しかし毛沢東と鄧小平は、経済問題をめぐって激しく対立していた。五〇年代、毛沢東が「利己主義」の根絶によって中国社会主義経済の合理化を試みたとき、基本的な手段とされたのが、集団農場と徹底した精神論教育だった。一方、鄧小平は利己心を現実として受け止めていた。「大躍進」政策が無残な失敗に終わった後、鄧小平と劉少奇は、小区画の耕作地を農民に与えたり、労働者に報奨金を与えたりする政策によって生産性を高めようとした。だが毛沢東は、これらの政策は自分が育てようとしていた「新しい社会主義人民」を堕落させるとして、一九六六年、プロレタリア文化大革命を始動し、ただちに鄧小平と劉少奇の逮捕を命じた。

鄧小平の失脚は致命傷となってもおかしくなかった。そして、劉少奇の場合は現実にそうなった。劉少奇は、毛沢東に有罪を宣言されてもなお無実を主張し続けたため、紅衛兵に捕らえられて拷問されたあげく獄死している。その一方、鄧小平は、あっさり自らのやり方に誤りがあったと認めたが、自分の「意図したこと」は正しかったと主張した。つまり、鄧小平としては、「偉大なる舵取り」毛沢東と、毛が目指している近代的で強力な新・中国の建設には常に忠実な態度で臨んできた。反毛沢東主義的手法を用いたのも、ただ毛の大目的達成に熱心なあまりの過ちだった、というわけだ。鄧小平が命びろいしたのは目的と手段とを区別したためだが、これは老獪な鄧小平の巧言というほど単純なものではない。法家主義の根幹を成す「富国強兵」策に関しては、鄧小平と毛沢東との見解は完全に一致していたのだ。

一九七三年、名誉が回復されるや鄧小平は力を発揮し、当時の首相、周恩来とともに、中国近代化と強化を図る一連の政策を展開した。これは後に「四つの近代化」と呼ばれた。一九六四年、周恩来がこの政策を提唱し、「農業、工業、国防、科学技術の総合的な近代化を今世紀末までに実現する」よう、訴えた。その後、一九七五年初頭、周恩来はこの課題に再び取り組むために全国人民代表大会で「政府工作報告」を行ない、先に挙げた四つの基幹分野の近代化への着手を提案した。

筆頭副首相となっていた鄧小平は、物質的報奨の制度化、学術分野の専門化、外国技術の導入を推し進めた。これに対して過激派は、鄧を「共産党のブルジョワ」とそしり、彼の政策は中国に資本主義を復活させるものだと非難した。鄧小平は、協力者とともに近代化、工業化、科学技術の活用に関する数々の政策文書をまとめ上げるが、一九七六年、過激派によってすべての役職を解かれ、政治中枢から追放された。

だが、その年のうちに毛沢東が死去すると、権力をふるっていた過激な毛沢東主義者が「四人組」〔訳注：江青、王洪文、張春橋、姚文元の称。七六年、毛沢東の死後逮捕され、死刑・無期懲役などの判決を受けた〕の烙印を押されて次々に逮捕され、鄧小平は中央に凱旋する。

中国の未熟な経済は疲弊し、人々のやる気も悲惨な文化大革命によってすっかりそがれていたので、中国国民は彼を熱烈に歓迎した。鄧小平が残忍な政治運動の終結への見通しを示し、物質的に豊かな生活を約束したことを喜んだからだ。

だが、鄧小平を含め、中国の指導者たちが抱いていた思惑は、国民の期待とは根本的に異なっていた。政府指導層の名言家は、四つの近代化計画を「新長征」と呼び、中国が一定の近代化を達成し、当然、軍事大国、経済大国と見なされる状況下で二十一世紀を迎えるとの確信を抱き、それを待ち望んでいたのだ。

中国が国力を強化し、再びアジアの覇権を取り戻す日を迎えるために必要としたのは、法家政策だった。鄧小平の指導のもと、過酷な毛沢東主義的風潮が一掃され、個人の利益追求が好まれるようになるのと併行して、国家計画は、統制自由市場経済を志向するようになってゆく。農業形態は集団農場から家族経営になり、私企業の起業が中国全土で急増した。また、経済開放政策によって、外国企業が中国企業との合弁に熱心で、それのみならず、新たな生産ラインの設置に必要な技術移転や、それによって生産される廉価製品の調達にも興味を抱いていることが証明された。

対外開放による中国経済の活性化は、ほとんどの外国人にはそれ自体が目的だと思われ、また中国人のなかにもそう見る人たちがいるが、実は国家目標達成の手段にすぎない。あくまでその狙いは、富国強兵による中国国家の建設だ。鄧小平は、長期的には経済成長によって国力が増すと期待し、一時的な国力弱化も覚悟のうえで、あえて経済統制を緩和する危険すら冒した。これは危険な賭けだったが、鄧小平がこの勝負に勝ったのは間違いない。中国経済はこの二十年間、ほぼ毎年二けた台の成長率で拡大を続けてきた。

「豊かになるのは栄えあることだ」と鄧小平が言ったのは有名だが、声を潜めて「国家を強くすることは天命だ」とも付け加えたのではなかろうか。もはや以前のように鉄一グラムにいたるまで統制しなくても、一九七九年に比べてはるかに大量の資源が効率よく管理されている。鄧小平の四つの近代化の実体は、偽装された法家思想だった。対欧米経済開放政策を大々的に進めたのも、法家思想が目指す目標達成に必要な手段を、外国企業に提供させるための作戦にすぎなかった。そして、四つの近代化も経済開放政策も、どちらも大成功をおさめたのである。

●——天安門虐殺は「悲劇にあらず」

鄧小平は「現実的な改革者《プラグメティック・リフォーマー》」だったかもしれないが、改革と中国式の独裁政治に尽くすことが矛盾するとは考えていなかった。鄧は、四つの近代化とともに四つの基本原則を掲げた。それは「人民独裁」「共産党の指導」「マルクス・レーニン主義と毛沢東思想」「社会主義路線」のそれぞれを堅持することである。彼は、経済改革が始まったとしても、中国共産党が国家権力の独占を維持し、国家思想を国民に課し、断固として国民を統制する、と語っている。これこそ、古代中国の法家の教えそのままの考え方だ。

一九八九年の天安門事件は、鄧小平が四つの基本原則にどこまで忠実であるかの試金石となった。この年の春、中国の人々は、七週間にわたって中国の政治体制と老齢の指導者に対する大規模な抵抗運動を展開した。五月末には百万以上の人々が北京の街にあふれ、汚職や官僚主義、独裁政治に抗議する姿勢を見せた。この穏やかな非暴力デモへの揺るぎない回答は、鄧自身の表現によるなら、「多少の流血」があろうとも、断固たる武力行使だった。六月四日夜、全世界の注視のなか、人民解放軍が丸腰のデモ参加者に自動小銃を乱射し、戦車や装甲車で蹂躙した。そして翌朝には、中国共産党の独裁体制は少しの動揺もせず、もとのままの姿に戻っていた。

鄧小平ら指導部にとって、デモ参加者数千人の殺害は、偶然に生じた事故ではない。この冷酷な殺戮《さつりく》によって、支配者層は自分たちがまさに望んでいたものを手に入れたのだ。それは、中国国民のあらためての絶対服従と永遠の権力独占である。ベイカー米国務長官が天安門事件を「悲劇」と呼ぼうとも、李鵬《リーペン》首相はそれに同意せず、代わりに「天安門広場では適切な措置がとられた。我々はそれを悲劇とは呼ばない」とベイカーに反論した。

西側諸国には、いまだに鄧小平のパラドックスに戸惑う人が多い。中国の市場改革の牽引者が、なぜ天安門広場での虐殺の首謀者になれるのか。この謎を解こうとして、鄧小平はリベラルな現実主義者としても、保守的な社会主義革命家としても振る舞える、一種の精神分裂症患者なのではないかと憶測する向きもある。というのも、鄧の改革過程は紆余曲折を経たもので、規制がゆるんで開放に傾く時期と、逆に締めつけの厳しい時期とが交互に現われていたからだ。つまり、鄧が時によってまったく異なる衝動に駆られるのは、自身が、同じ物事に相反する感情を抱くせいだと解釈する、というわけだ。

だが、鄧小平は両振幅の思考にさいなまれた政治家ではない。中国共産党の政治慣習では、党首脳部との経済政策をめぐる議論と、政治にまつわる議論とでは、そもそもの位置づけが決定的に違うということだ。経済政策についてのディベートは権力の道具としての「手段」についてであるが、政治をめぐってのそれは権力の「目的」にかかわる。したがって、政治（権力の目的）を論じるときは「正統派」「保守派」でありながら、経済政策（手段）については「現実的」、あるいは「自由開放」まであってもいい。経済政策の議論には比較的参加しやすく、異論も許される。だが、政治について語ることができるのは、最高幹部だけに限られる。

しかも、政治について語るのは、最高幹部といえども危険を伴う。例えば国有企業の民営化問題で、最高指導者に異を唱えても失脚につながることはない。文化大革命中に紅衛兵に捕らえられた鄧小平のように、自分の意図は正しい、つまり自分の提案した政策は「富国強兵」につながる政策だと主張することが可能だ。だが、四つの基本原則をいつ適用するか、あるいは中国の覇権への意図をいつ表明するかといった問題で最高指導者に逆らえば、政治生命の喪失につながる。

鄧小平が自ら後継者に選んだ胡耀邦と趙紫陽を罷免したのは、その種の不適切な政治姿勢が見て取れたからだ。鄧が次に選んだ江沢民が権力の座にとどまれたのは、経済政策の多様性は許されるが、政治路線の変更は危険だという鄧小平もどきの姿勢を示したからだ。この十五年間、自宅に軟禁されている趙紫陽〔訳注：二〇〇五年一月十七日、軟禁のまま病没〕は、そのあたりの事情が呑み込めていなかったのだ。

●――香港の「一国二制度」は台湾誘引の甘い罠

鄧小平の共産党入党は一九二〇年代初頭、毛沢東が共産党に参加したのとほぼ同じ時期だった。この二人の入党の動機もまた、同じだった。新たに結成された共産党組織とその統治思想とによって、帝国主義者の侵略によって失われた中国の尊厳と統一を取り戻せると信じていた。短躯、寡黙な鄧小平将軍と長身、能弁の毛沢東とは好対照だった。鄧は執務室を飾ることもなく、詩を吟ずることもなく、皇帝風を吹かすこともなく、与えられた権限しか行使できない副首相の地位に甘んじていた。それでも、身近であろうとなかろうと、すべての周辺民族に対する中国の優位性については、毛とまったく同じ信念を持っていた。すなわち、中国が失った領土と覇権国の地位が完全に回復できなければ、劣等民族から受けた屈辱を十分に晴らしたことにはならないという発想だ。

鄧は、香港と台湾の問題にまっさきに取り組んだ。一九八二年、イギリス領香港の将来をめぐるマーガレット・サッチャー英首相との交渉では、鄧はまるでスッポンのように食いついて放れなかった。サッチャーは、清国政府が九龍《クーロン》と香港をイギリスに永久割譲すると認めた条約は有効だと、初めから主張していた。そして中華人民共和国との交渉では、一九九七年六月三十日に期限切れになる新界の租借延長を目論んでいた。これに対して鄧小平は、中国は、イギリス人の香港滞留を単に黙認しているだけで、必要とあればいつでも植民地全体に及ぶ中国の主権を行使する用意があると主張した。さらに新華社通信が、「不平等条約」は違法であり、無効だと発信して追い打ちをかけた。同通信社はさらに、中華人民共和国政府は香港奪還という「神聖な任務」から逃げることなく、百年前にイギリス帝国主義が中国に行なった邪悪を糺《ただ》すのだとも報じた。

結局、折れたのは「鉄の女」サッチャーだった。香港のイギリス人居留者は不法滞在者だとの中国の主張をサッチャーは認めたのだ。後はもう権限移管の細部を詰めるだけだった。

鄧小平はそれまで、中国が香港をどのように統治するかについては態度を明確にしていなかったが、一九八四年六月二十二日、続けざまに爆弾発言をした。まず、香港政庁の発言権は認めないと宣言し、「三者交渉」の期待を打ち砕いた。香港の中国系住民の利益を代表するのは中国政府であり、イギリス政府や香港人自身ではないというわけだ。次に、一九九七年以降、人民解放軍が香港に駐留すると発表した。香港の記者が「人民解放軍は香港に入らない約束ではなかったのか?」と指摘すると、鄧小平は「寝ぼけるな」と記者を怒鳴りつけ、「私がそう言ったとそのまま書け」と息まいた。

鄧小平は、この戦利品、香港の政治的支配を望んではいたが、同時に、中国の近代化に役立つ香港の経済力を重視していた。鄧は、香港の「資本主義制度と生活様式」を維持するために、「一国二制度」という新たな考え方を生み出した。この基本原則のもとに香港再統一が成功すれば、最終的には台湾も支配下におびき寄せられるかもしれない、そう計算していたのだ。ただし、香港の「第二制度」には明確な限度を設けていた。「中国人民政府」に香港の行政長官と高級官僚の任命権を付与したのだ。その後、イギリスの香港総督らが香港の自治に向けて(誰が見ても弱腰な)努力を重ねたが、鄧はことごとく拒否した。そして、実際に一九九七年六月三十日、香港が中国に復帰すると同時に、人民解放軍は香港に進駐した。

鄧小平は、中国周辺の「劣等文化」民族を監視するという帝国の昔ながらの「重責」をも受け入れた。中国の周辺国には相当数の中国系住民が少数民族として住んでおり、それらの人々からの情報によって、周辺民族に対する監視の目は強化された。

例えば、七〇年代末に何万もの中国系ベトナム人が父祖の地を目指して逃げ戻ると、ベトナム政府が中国系の人々を容赦なく迫害しているという噂が広まり、政府関係者や一般大衆も一様にベトナムへの怒りをかき立てた。一九七八年秋、ベトナムが中国の同盟国カンボジアに侵攻するや、鄧は中央軍事委員会を招集し、中国に加えられたこの新たな侮辱について討議した。鄧が軍事委員会に、親ソ派のベトナム首脳部に「教訓」を与えるように提案すると、軍事委員会は全会一致で同意する。一九七九年一月、米中国交正常化後の親善訪問中のアメリカから、鄧小平は電報で自らの意向を伝えた。

鄧が北京に戻ると同時に、三十三万の中国軍が国境を越えてベトナムに進攻した。中国は、この攻撃を遠まわしに「自衛のための反撃」と呼んで、すばやい一撃によってベトナム軍に致命傷を負わせるつもりでいた。ところが応戦した十五万のベトナム軍は装備に恵まれ、しかも豊富な実戦経験も積んでいたため、大損害を被ったのは中国軍の方だった。鄧が偽りの勝利宣言をして人民解放軍が退却を始めたとき、中国軍はすでに戦死者二万六千を数え、負傷者は三万七千に及んでいた。

表面には表わさなかったものの、中国首脳部はこの軍事作戦に不満を抱いた。陳雲《チエンユン》共産党副主席は、「(ベトナムから受けた)打撃はごくわずかだ。骨を折られるどころか、かすり傷を負わされただけではないか。むしろ、こちらが相手を助けたような局面もたびたび見られた」とクレームをつけた。また、中央軍事委員会の副主席だった聶栄臻《じょうえいしん》元帥は、この対ベトナム作戦に「不満だった」と表明したと伝えられている。

とはいえ、中華人民共和国が勝利を宣言するだけの理由はあった。中国軍はベトナム奥深くまで侵攻し、四つの郡の首都を制圧した。だが、さらに重要なのは、この紛争以降、ベトナム政府が中国系ベトナム人に対する迫害の手を緩めたように思われることだ。北に逃げてくる難民の数はごくわずかになった。

仮にベトナムが何も感じていなくても、他の国々は身につまされたはずだ。教訓は二つ。一つ目は、自国の華僑を迫害すれば、中華人民共和国がおそらく武力で介入してくるということ。もう一つは、中国の進貢国を攻撃すれば、中国から報復攻撃を受ける可能性が大いにあるということだった。

●――キッシンジャーを苛立たせた「嫌味なチビ」

鄧小平は、米ソ間の冷戦を制しつつあるのはソ連だとの見方をしており、周恩来を使って、ますます拡大する米ソ間の力の不均衡を是正させようとした。さもなければ、中国がソ連と国境をめぐって争うことになると認識していたのだ。周は毛沢東の承認を得て、弱いと思われていたアメリカに加担した。中国とアメリカとでは価値観も制度も違い、また、米中間の貿易も著しい活況を呈する前の時期のことでもあったので、経済面での利害は問題にならなかった。キッシンジャーは周恩来との関係について、後にこう言っている。「基本方針はただ一つ、相互信頼のみ。つまりは、どちらの国も相手の上位に立とうとすることは許されない、ということだ」。中国がアメリカとの協力関係を持ったのは、ひたすら増大するソ連の勢力を恐れてのことだった。キッシンジャーの役割は、力の限りあらゆる手を尽くしてこの脅威を強調することだった。

だが、何年たっても中ソ国境での武力衝突は拡大せず、鄧小平は次第に、キッシンジャーの力説するソ連の対中国軍事脅威に疑問を持つようになる。同時に、勢力バランスが実際にソ連に傾いているという自らの見方に確信が持てなくなっていった。一九七四年十一月、訪中したキッシンジャーに鄧小平はこう語っている。「我々はソ連の脅威をそれほど感じてはいない。ソ連の軍事力は中国だけに向けられているのではなく、日本や米海軍の第七艦隊にも、そしてアメリカ本国の空軍や海軍にも向けられているのだから」。鄧小平はいよいよ露骨に、ソ連を眼前の脅威と見なすことに抵抗を示した。その態度に苛立ったキッシンジャーは、陰ではこっそりと鄧を「嫌味なチビ」と呼び始める。

また鄧小平は、世界各地の危機とアメリカとのかかわり合いにも疑いの目を向け始めた。先のキッシンジャー訪中の際に、鄧はキプロス島や中東を例にあげ、「アメリカはいつも紛争の中心にいるではないか」と抗議している。さらに、アメリカがこれらの問題と同じように介入した例として、「インドシナ問題や朝鮮半島問題」にまでも言及した。キッシンジャーは、話題をソ連の軍事脅威に戻そうとして、それとなく「味方に向けて大砲を撃っても脅威は消えませんよ」と言うのだが、鄧は「ソ連の脅威はない」と素っ気なく答えた。鄧は、ソビエト連邦に対する共同防衛提案を、事実上、にべもなく拒絶したのだ。

翌一九七五年秋、キッシンジャーが再度中国を訪れた際には、鄧小平の姿勢は一段と鮮明になっていた。「我が国はこれまで、ソビエト連邦との問題は独力で対処すべきと信じてきた。……天下に中国が恐れるものは何もない。中国が他国に頼ることは何もない。国際問題も国内問題も、極東での（ソ連との）問題も、粟などの最低限の食糧と小銃があれば十分だ」と語ったのだ。

苛立ったキッシンジャーはフォード大統領に、中国首脳の「横柄な態度と独善的な対応能力の甘さ」が原因で、米中関係は一段と悪化の方向へ進んでいると報告した。キッシンジャーは、アメリカと中国の協約締結を期待して台湾やその他の問題では譲歩したのだが、それは最初から過度な期待というものだった。鄧小平ら中国首脳部は、アメリカとの過去の数々の衝突を決して忘れず、中国がやがては覇権国となるのを待ち焦がれているのだ。こうした中国に、アメリカと一時しのぎ以上の関係を築く意思が、ほんのわずかでもあったとは考えにくい。

七〇年代後半、外国からの貿易、技術、資本を貪欲に求めて、鄧小平の「四つの近代化」が始まった。だが米中共通の経済的な利害関係が生まれた後も、両国が政治面で融和する気配はまったくなかった。それどころか、正反対の方向へ展開する。八〇年代になると、鄧は、中国にはますます経済力が備わったとの自信を深め、共産圏であろうと資本主義国であろうと、外国からの訪問者には相手かまわず、「中国に指図する資格は誰にもない」と毒づいた。名指しこそしなかったが、これがアメリカを念頭に置いた発言であるのは疑う余地がなかった。

レーガン政権の軍備増強策によって、アメリカが軍事力で当時のソ連を凌ぐようになると、鄧小平は中ソ関係の改善を精力的に進め始めた。一九八九年五月のゴルバチョフ北京訪問は、鄧が率先して実現させたものだった。

ソ連崩壊後、アメリカ国民は有頂天になり、中国も同様の運命をたどるものと期待した。だが、覇権二千年の伝統の継承者が非情な視線で眺めた新しい世界情勢は、アメリカ人の目に映るそれよりもはるかに陰鬱だった。そして突如、多くの中国専門家をうろたえさせる事態が起こる。鄧小平が、アメリカとの事実上の同盟関係を解消したばかりか、一九九一年九月、「中国と唯一残った超大国との間の新たな冷戦が始まるだろう」と宣言するまでに至ったのだ。

中国首脳部は、例えばソ連の崩壊がアメリカの策略によるものだと考えるなど、明らかに、アメリカの計り知れない能力に怯《おび》える傾向がある。そしてまた、覇権国とされているアメリカに取って代わろうという願望が、彼らの心の奥深くに根を張っているのも間違いない。

●──江沢民に取り憑いた「対米陰謀妄想」

鄧小平は自ら選んだ後継者たちに厳しくあたった。一九八六年、胡耀邦を辞任させ、三年後、天安門広場のデモで北京市内が麻痺状態になると、今度は趙紫陽を解任した。その次に選ばれた江沢民は、前任者よりも権威主義に傾倒していた。鄧が戒厳令布告を決定するや、江はこれを支持し、暴動を鎮圧するためには「多少の血が流れる」ことも当然だとする鄧の意見にも同調した。

それからの六年間、江沢民は鄧の陰に隠れ、自らの出番をひたすら待った。演説では鄧が言ったことを繰り返し、新政策を提起することもなく、誤りを犯さないように気を配った。一九九五年半ば、ついに鄧小平が病に倒れる。ついに江沢民は解任を恐れず自由に行動できるようになった。残った同僚の朱鎔基、李瑞環、李鵬、そして全人代常務委員長を務めた喬石《きょうせき》などは年齢も序列もほぼ同じだったが、江の指導力に対抗できる立場にはなかった。それどころか、歴史上の覇者のご多分に漏れず、江沢民の方が脅かす側にまわり、権力確立のためにしゃにむに奔走する。手際良く喬石を早期引退に追い込み、自ら中央軍事委員会主席に就任して人民解放軍を掌握し、後継者に胡錦涛を指名することに成功するのだ。

鄧小平が始めた経済改革は九〇年代を通じて継続され、中国経済は毎年二けた台の成長を遂げた。同時に、国家の直接管理から外された経済活動の領域は、これまでになく広がった。インターネットの利用が急増し、マルクス・レーニン・毛沢東思想は廃《すた》れかけ、国営メディアで四つの基本原則が語られることもほとんどなくなった。だが中国では、変化が起これば起こるほど、変わらない部分が残る。こうした点で中国に匹敵する国は、世界のどこを探してもほかにない。

鄧小平が院政を敷いたとすれば、江沢民の方は、誰が実権を握っているのかを明らかにしたがった。毛沢東の皇帝然としたやり方を真似て、「偉大なる舵取り」毛沢東と同じく、「大規模な集団活動」や宣伝のための遊説を好んだ。江はしばしば、報道メディアは「共産党に忠実で、信頼できるマルクス主義者が掌握していなければならない」と述べたが、これは、常に「江沢民同志を中心にした」党中央部に対する服従の念を表わせという意味だ。

また、江沢民は自らに対する個人崇拝も促進した。毎晩のテレビニュースでは江の登場が恒例となった。ある晩は、江がチベット守備隊の兵士の肩をたたいている場面、その翌日は、四川省の貧しい農民に贈り物を手渡している映像、という調子だ。国外へも頻繁に出掛け、派手な演技をする機会を設けた。メキシコを訪れたときには、海が荒れて遊泳禁止だったにもかかわらず、カンクン〔訳注：ユカタン半島の保養地〕の海で泳いでみせた。だが実際には、屈強な護衛官たちに両側から支えられ、写真を撮る間だけ海に入っていたにすぎない。この見世物は、当然、一九六六年に大々的に宣伝された揚子江での毛沢東の水泳場面を思い起こさせた。

これには中国人でさえも多くが辟易《へきえき》した。

江沢民の個人崇拝が嵩じるあまり、ついには経歴の改竄《かいざん》まで行なわれるようになった。八〇年代前半、江は電子工業相を務めたが、たいした業績は残さなかった。ところが、江はこの時期に中国のハイテク産業の基礎を築き、中国版スター・ウォーズ戦略（戦略防衛構想）に着手したと称されるようになった。続いて、共産党の党綱領の中に「鄧小平思想」を入れるように取り計らった。これによって鄧小平の後継者としての正統性は強化されるのだが、同時に、自身は鄧が進めた急激な経済改革を路線変更する。実は、江沢民派の人々は、鄧の経済改革が極度のインフレや汚職、貧富の差の拡大などの問題を引き起こした、と密かに批判していたのだ。

●——人民軍首脳は「台湾奪取」「日本無力化」「米国追放」

江沢民の政策は、毛沢東主義とマルクス主義と中国の伝統的な価値観とをごちゃ混ぜにして重々しく仕立て上げた「精神文明」を強調し、西暦二〇〇〇年までに中国から貧困を一掃するという平等主義の目標達成に重点を置いていた。そして江は党幹部に、「西洋の退廃的な風潮に流されるな。民主主義は一見、平和的進化に見えるが、実は虚構にすぎない」と指導した。江は中国歴代の最高指導者と同様、こうしたスローガンそのものが政治思想上の大躍進だと思い込んでいた、あるいは、少なくとも周囲の人間がそう信じることを願っていた。そこで大仰にも、この種のスローガンを「江沢民理論」と、自ら命名した。

江沢民と鄧小平とは性格も政策もまったく違ってはいたが、国家の繁栄と軍事力の増強へのこだわりは共有していた。ただ、江沢民の方が、「西洋」の民主化路線を採らなくても、そのこだわりを現実化する自信をより強く持っていた。科学の基本精神は自由で開かれた議論にあるが、江は、その奨励にはたいして興味を示さず、中国民族の「技術品質」を高めることをより重視した。江はしばしば鄧小平の一九八六年の発言を引用した。「改革と現代の科学と技術、そして政治重視の姿勢とによって、我が国の力は著しく増大するだろう」。そして、この鄧小平理論のなかから「科学と技術」を特に選んで強調し、「生産力の要」と位置づけた。また、「国内外の情勢」に対する懸念を声高に訴え、「鄧小平理論を……実行する」ことが、「中国社会主義の現代化推進のために取り組むべき、緊急かつ重大な課題」だと強調した。

江沢民はまた、「アメリカの脅威」なるものを派手に喧伝していた。一九九五年八月、中国共産党の政治局員に向かって、「西側の敵対勢力（アメリカ）は、我が国を西洋化し『分割』する陰謀をかたときたりとも放棄したことはない」と警告している。このような発言には、アメリカによる自由アジア放送の番組内容や、台湾再統一が未達成であることへの単純な苛立ち以上のものが作用していた。そこには、言葉による攻撃だけでなく実際の攻撃もあるのではないかと恐れる、一種の陰謀妄想の影響がにじみ出ている。江は周囲を敵に囲まれていると信じ、国民が「弱い国は簡単に食いものにされたり、打ちのめされたりするという過去の教訓を忘れる」ことのないように、繰り返し注意を促している。

その一方で、強い中国は平気で隣国を「食いものにする」。このような姿勢は二〇〇〇年十月、江沢民が香港を訪れたときにも明らかに示された。行政長官に就任して二期目を迎えたばかりの董建華《とうけんか》と江は、地元の記者から、中国政府は董建華再任の「詔勅」をくだしたのかという当てこすりの質問を受けた。これを聞いた江は椅子から跳び上がった。そしてその記者を指差し、こう脅した。「もし君の書いた記事が正確でなかったら、責任を取ってもらうぞ」。それから江は、「詔勅などというものはない。香港の報道機関はうすのろで、私を批判する立場にはない」とまくし立てた。実際には、江が董建華の再任を裏保証しており、董建華の「再選」は筋書き通りの出来事だったのだ。そのことは、質問した記者だけでなく香港じゅうの人々が心得ていた。最後に、江は声を荒らげて、「香港は中華人民共和国政府のものだ！」と怒鳴った。江が香港を中華帝国の領土と見なし、董建華は地方官僚にすぎないと考えていることがこの一件で明らかになった。この光景を見たハーバード大学のロス・テリル教授は、江沢民の振る舞いは「まるで辺境の劣等民族に向けて演説する皇帝」のようだと描写した。

江沢民は前任の毛沢東や鄧小平と同様、「帝国主義者が支配する」世界の出現に警戒を怠らなかった。そして、遅かれ早かれ、武力衝突は避けられないと信じていた。一九九七年には、「新帝国主義者」との「戦争には十分備えなければならない」と発言している。『『新帝国主義者たち』の、中国を『分裂』させ『西洋化』させようというさまざまな陰謀は、最新鋭の強大な人民解放軍にしか阻止できない」。

このような江の考え方は軍上層部の大多数に支持されている。そのなかの一人、中央軍事委員会の前副主席、遅浩田《チハオシアン》上将は一九九一年十二月、「世界情勢の変化と一極化を目指すアメリカの覇権戦略を考えれば、(中国とアメリカとの)戦争は避けられない」と述べている。

覇権国の再軍備に懸ける江沢民の熱意はいろいろなかたちで表われた。江の監督下、人民解放軍は台湾を目標にミサイル発射実験を行ない、南シナ海の南沙諸島のミスチーフ環礁には軍事基地を建設し、中国海軍が「第一次弧状列島〔訳注：日本の南西諸島と尖閣諸島、台湾、フィリピンを含む、中国大陸からほぼ二百海里内の黄海、東シナ海、南シナ海〕」の範囲のシーレーンを支配すると宣言し、空軍の態勢が防衛から攻撃準備に変更され、核搭載可能でアメリカ西海岸まで到達する新型ミサイルDF31が配備された。そして元電気技師の江は、「現代戦、電子戦、三次元戦」への備えを強力に提唱し、二けた台の率で人民解放軍の予算の拡大を推進する中心人物となった。

これほどまでに強硬な政策を採ったにもかかわらず、一九九九年初頭に香港で報じられたところによれば、退役して間もない人民解放軍の将官五十名が、アメリカ、日本、台湾に対する江沢民国家主席の「弱腰」政策を激しく批判する「抗議書」に署名した。この種の抗議が何を意味するにしても、少なくとも江が「隠れ民主主義派」や「自由主義改革派」、「穏健派」であったということは意味しない(いい加減な論法でいけば、将軍たちは「保守派」なのだから、抗議する相手は当然「自由主義派」となる)。また、中国の長期戦略目標などの基本的な問題をめぐって、指導部内に対立が存在したわけでもない。江沢民と将軍たち(そもそも将軍に昇進させたのは指揮官としての江だ)は、台湾奪還、日本無力化、アジアからのアメリカ追放で心を一つにしていた。ただ、将軍たちが今にも行動を起こしたくてしびれを切らしているのに反して、江は中国がもっと強くなるまで待っていたのだ。

長年、江沢民の右腕として働いてきた前首相、朱鎔基も、欧米では広く「穏健派」と目される指導者だ。中国経済の総責任者だった朱は、経済改革をさらに推し進め、中国のWTO（世界貿易機関）加盟や、効率の悪い国有企業の縮小合理化にも努めた。だからといって、朱が、政治あるいは対外問題に関して、強硬さで江沢民や人民解放軍の将軍たちに劣ることにはならない。軍関係者への講演の際、朱は「中国人は最も頭の良い民族で、最高水準の知性に恵まれている」と話して拍手喝采を浴びたという。躍進する中国の強さを強調するのが講演の目的なのだから、アメリカとの協調路線を擁護して大受けするはずもない。また、アメリカ人を筆頭に、彼は大の外国人嫌いだった。以降、朱のこの発言はさまざまな機会に引用されている。

胡錦涛は「中国のゴルバチョフ」だろうか

その後、権力の一部が胡錦涛をはじめとする「第四世代」の指導者に委譲され、新たな憶測が生まれた。胡錦涛は中国のゴルバチョフ、つまり、外国の観測筋が常に期待するような、急進的経済改革と政治改革とを進める用意のある政治家か？　それとも江沢民と同様、たいした覇気もなく、権威志向の官僚主義者で、周囲を追従者で固めて保身に汲々とする人物なのか？　あるいは、毛沢東のように政治運動を次々と際限もなく展開して、実際の敵だけでなく敵と思い込んだ相手にまで戦いを挑むのだろうか？　いずれにしても、新たに中国共産党総書記兼国家主席となった胡錦涛がどのような人物なのか、気になるのは言うまでもない。

この種の疑問への回答は誰も知らない。さしあたりその答えは出てこないだろう。それもそのはず、胡錦涛自身が、中国の指導者として自立していないのだ。鄧小平は江沢民の背後で、最後の最後まで絶えず目を光らせていた。今、江沢民もまた胡錦涛の背後で常に見守っている。江沢民が胡錦涛よりずっと上位に置かれているのは、年長者を重んじる中国の政治風土もあるが、江が中央軍事委員会主席の座を放そうとしなかったからだ〔訳注：二〇〇四年九月辞任。〇五年春に胡が就任すると観測されている〕。毛沢東が「政治権力は銃身から生まれる」と言い残したのはよく知られているが、江はその銃身を思いのままにしている。これは、中央軍事委員会主席の江沢民が政治局常任委員の支持者と歩調を合わせれば、胡錦涛の政策に確実に拒否権を行使できるということだ。もし胡の政策が江沢民路線から外れているようであれば、胡はすぐさま失脚した他の総書記と同じ境遇に落とされ、自宅に軟禁されたまま余生を過ごすことになる。江沢民が好んで引用するのは、人民解放軍と人民武装警察（ＰＡＰ）は、「鋼鉄の長城」となって中国共産党に委ねられた権限を守らなければならない、という鄧小平の言葉だ。今のところ、この「鋼鉄の長城」は、江が最高指導者として握る権力を守り、立派な肩書きが与えられた胡を実質は次席のままにとどめている。

得られた情報によれば、胡錦涛は用心深い人物のようだ。現状を容認し、他人の感情を害するような姿勢はあえて取らず、江沢民だけでなく、新指導部体制での序列六位で江の信任の厚い曽慶紅《そうけいこう》など、他の長老たちの意見にも耳を傾けている。コロンビア大学の政治学教授アンドリュー・ネイサンと香港有数の経済誌『ファー・イースタン・エコノミック・レビュー』の社外編集者だったブルース・ジリーによれば、胡の特技は「間違いを犯さないこと」だ。この点については議論の余地がなさそうだ。なにせ、胡は世界で最も権謀術数の渦巻く中国政界で、江沢民の後継者として十年間も生き残ってきたほどの政治家だ。

それに加えて、胡錦涛は中国共産党の申し子でもある。ネイサンとジリーは、胡ら第四世代の指導者に関する共産党の部外秘資料多数を調べ、次のように結論づけた。「政策論争の実質的振幅は思いのほか狭い。中央政治局常任委員会の新旧委員も、財界や学界の指導者も、およそ権力に縁のある者の大多数は、鄧小平の『改革開放』を好ましく思っている。それは、『国内経済を主として市場原理に基づいて運営する』、『国民統制の方法を合理化する』、『国内市場を開放して欧米との取引や投資を呼び込む』、『現在の世界のありようをおおむね受け入れる大国の一つとして、他の国々と積極的にかかわっていく』、というものだ。今のところ、中国指導部には、共産党による統治の放棄と、複数政党が競い合う民主主義政治の採用を望む動きはまったく見られない」。

●——反体制派は容赦なく処刑する「第四世代」

中国経済の改革者が西洋の開かれた社会をひそかに賞賛しているとの意見は、西洋社会の自惚れというものだ。中国政府上層部にアメリカ式の民主主義を唱導する者はいない。中国の政治エリートは、現在の開放政策を、偉大な中国の再建手段を外国に提供させるための「方便」とわきまえている。現に曽慶紅は、「中国を実際に強くて尊敬される国とするのに最適な方法だと思えば、どんな理論や考え方でも柔軟な姿勢で採り入れる」人物だとされているのだ。

天安門事件を経験した第四世代の指導者は、自分たちに逆らう動きに対処する場合、たとえそれが穏やかなものであっても、息の根を止める力をふるうのに躊躇はしない。新体制序列で第五位の羅幹《らかん》は、仏教や道教の修練法から出た気功の学習集団、法輪功への厳しい弾圧を指揮した。法輪功指導者たちは、一九九九年四月二十五日、国家と共産党の中枢である中南海の外で平和的なデモを行なったのだが、これがいけなかった。数万人の法輪功「学習者」が警察に逮捕され、そのうち拘留中に死亡した者は数百人に上るといわれる。

しかし、これほどの惨事でさえかすむのが、同じく羅幹の推進した「厳打」と呼ばれる犯罪防止運動だ。中国共産党の文書を見ると、一九九八年から二〇〇一年の四年間に、六万を超える人たちが犯罪容疑者として処刑されたという。これは非常に衝撃的な数字で、ネイサンとジリーは、「西側諸国の推定よりもはるかに多い」と言っている。この数字には犯罪容疑者のほかに、中国のキリスト教徒、チベットの仏教徒、トルコ系イスラム教徒、反体制派のありとあらゆる活動家や団体など、羅幹の緊急命令の標的にされた人々が含まれている。ネイサンとジリーは、羅幹がこの数年間、「中華人民共和国の歴史にも先例を見ないほどの激しさで、巨大な国家的強制力を行使している」のは明らかだとしている。中国の血塗られた歴史を知る人々には、この結論の深刻さがどれほどのものかがよくわかるだろう。

法家思想の伝統はまた、中国政府の世界の現状を見る目をも左右し続けている。この伝統は、毛沢東思想にも鄧小平思想にも同じように受け継がれ、江沢民を始めとする指導者の全員もまたそれを受け継いでいる。

例えば、胡錦涛は、アメリカの中国周辺における軍事プレゼンスへの不満を表明してきた。最近、胡は共産党高官に、アメリカは「アジア太平洋地域への米軍の戦闘配備と日本との軍事協力を強化し、インドとの戦略的な協力関係を強め、ベトナムとの関係を改善し、パキスタンをまるめ込み、アフガニスタンには親米政権を樹立し、台湾への武器輸出を拡大するほかにも、前哨基地を置く範囲を拡大し、東、南、西から、我が国の神経に障る行為を仕掛けている。このような動きは、軍事戦略を含め、中国の地理的政策の大きな転換を迫るものだ」と語った。また、二〇〇一年一月、当時、国家副主席だった胡は、シリア訪問時にバッシャール・アサド大統領をにこやかに眺めながら、イスラエルを非難して「アラブ国家から大切な土地、パレスチナを奪い取ろうとしている、植民地主義勢力の一角にすぎない」と述べた。こうした所感がいかに刺激的なものに聞こえようとも、常に用心深い胡が口にするのは、アメリカ批判にせよ、イスラム過激派諸国との事実上の同盟関係を固めようとするにせよ、共産党指導部共通の見解に限られる。ネイサンとジリー流に言えば、中国共産党の指導部全体が「中国とアメリカが戦争をするのは避けられない」と信じているのだ。

江沢民と胡錦涛の支配下においても、中華帝国はいまだに独裁国家だ。天安門事件当時より独裁色が強まった面もある。一九九八年、クリントン大統領訪中に先立って、前国家主席の江沢民は、共産党政治に異論を唱える者への弾圧を命じた。弾圧はクリントン帰国後も終わらず、それどころか年を追うごとに強化されていった。江は一九九八年十二月の演説で、弾圧継続は「社会の安定」を維持するためだとはっきりと正当化した。これは政府が過酷な統治を覆い隠すときに用いる婉曲表現である。江の、「安定を危うくする分子が頭をもたげたら、必ずや、断固としてその頭を切り落とさなければならない」というレトリックはいかにも毛沢東的ではないか。

共産主義を否定した江沢民の「異端発言」

鄧小平の改革は、胡錦涛と新首相の温家宝の下、今も継続されている。この改革によって中国はここ二十五年の間に大変身を遂げた。孤立した農業国から、成長し続ける経済大国、軍事大国へと変貌したのだ。もし毛沢東主席が生きていたら、平等主義経済の終焉は喜ばないにしても、中国の繁栄に気分を良くし、香港返還を大いに喜び、世界最新鋭の軍備も備えた人民解放軍を見て陶然とするだろう。

毛沢東はまた、二十年にわたる「改革」の後も依然として「人民によるプロレタリア独裁」が続いていることに安心するだろう。中国社会では多くの重要な部門で共産党政治による統治が続いている。人民解放軍の掌握によって生み出される権力は、少数の手に集中され、ほとんど制度上の制約を受けずに行使される。こうした権力に支えられる中国の中央集権体制は少しも損なわれていない。刑法が共産党の権力を支え、大規模な政治弾圧と宗教弾圧が国家体制の強権体質を維持する。共産党政治は、国民を国の所有財産と見なすので、国民は市民ではなく隷属民のままにとどまる。

しかし、共産党政治に今、忌々しき事態が進行している。「大衆の利益のために一時的に国家権力は行使されるが、やがては衰退する」や「共産党は労働者階級の先兵だ」といった共産党が創り出した通念を、党内部でさえ誰も信じなくなっているのだ。党指導者、とりわけ江沢民からして異端発言を始めてしまった。二〇〇〇年、江はいくつかの演説で、自ら「三個代表」と呼ぶ原則を提唱して議論を呼んだ。江は、党が次の三項、㈠中国独自の先進的で強力な生産力の育成、㈡中国の先進文化の育成、㈢生産力と文化の育成による中国国民全体の基本的な利益の追求、を一貫して主張してきたと訴えた。これは中ソ分裂時代、中国共産党が「修正社会主義」と激しく非難した、ソ連の「全人民の国家」という概念にかなり近い内容である。

だが、江の異端発言はさらに甚だしいものとなった。二〇〇一年七月一日、共産党創立八十周年祝賀大会で、党幹部に向かって、これからは企業家などの新たな経済エリートを含む社会の「傑出分子」を、幹部として積極的に入党させるべく取り組むようにと語ったのだ。

この発言に、保守的な党幹部は衝撃を受けた。かつて党が軽蔑し、迫害してきた「貪欲な資本家」は、今でさえ、大目に見て生き延びさせているだけの存在である。そいつらを党の要職に就けろと、ほかならぬ党総書記が言いだしたのだ。中国共産党の保守派には、江が「黒五類（知識人や資本家）」と権力を共有し、共産主義の基本原則を正式に放棄したように思われた。

江は、一斉に抗議の声が上がるのを鎮《しず》めるために、「三個代表」は党の不変の方針であり、エリート階級を入党させるのも古典的なマルクス・レーニン＝毛沢東主義を中国の現状に合わせるためには必要なのだと主張し続けた。しかし、実際には「三個代表」導入によって何もかもが一変してしまった。このまま進めば、党はやがて「一般大衆」の政党から閉鎖的な政財界エリート・クラブに変わるだろう。それならばいっそのこと、江は正式に共産主義を放棄し、党の性格をたとえば「国家社会主義」、あるいは「共和主義」にでも変えた方がよかっただろう。そうすれば、党は新たな高級官僚の集団となる。

国家思想としての共産主義は、中国国内で急速に衰退に向かっている。だがそれが、現在の権力者集団の根本を揺るがす脅威になることはない。現在の共産主義は中華独裁主義の「現代版」にすぎないのであって、共産主義が消滅しても独裁主義の伝統は無傷で残る。国家と社会との伝統的な関係は、おそらく変わることなく存続するだろう。その関係を正当化する思想が年とともにゆるんでしまっても、そのゆるみを整形するか、あるいはまったく新たな装いにすれば済むことなのだ。

ナショナリズムが一党独裁の原理原則に

中国では一党独裁の原理思想の効力が急速に衰退し、むき出しの権力が直接人目に触れることが多くなってきたため、現思想に代わる独裁正当化の拠りどころの探究に大わらわとなっている。容赦ない経済開発の推進、一般市民の経済生活への政府による干渉の縮小もその努力の一環だ。だが、その中心は、ナショナリズム高揚の助長である。そのためには、コソボ空爆中に起きた中国大使館の誤爆事件でも、中華帝国や儒教の過去の栄光を映し出すものでも、手当たりしだい何でも利用する。しかし、その向こう見ずさにも限度がある。なにせ故毛沢東主席が、文化大革命のさなかに中国人の心中から儒教の教えを完全に消し去ろうと、中国史を暴力をもって否定してからいくらも時間が経っていない。ただし、政権が代わった際、その政権の第一の責務は、「世の中を見直すために、王朝の名前を変えること（易姓《えきせい》）」だと言ったのは、他ならぬ孔子自身だった。

共産主義に代わって国家の正統性を保つ拠りどころとして、最近注目されているのは「大中《ダージョン》華主義《ファヂューイー》」だろう。大中華主義は、民族主義、超愛国主義、伝統主義、自民族中心主義、文化主義を要素として取り込んではいるが、その組み合わせが中国独特で、人々の精神への訴求力が強い。

超民族主義ともいえる大中華主義の好例は、国家刊行物や準公式出版物に見受けられる。例えば北京大学法学部教授の袁紅冰は「中華精神復興は、平和時代の到来を告げる鐘の音のようなものである。すべての栄光は偉大的中華のものだ。新世紀の名において、未来は現代化された中華精神にある！」と述べている。東欧の共産主義諸国は、「社会民主主義」への転換によってベルリンの壁崩壊後も生き残ることができた。天安門事件後の中国共産党は、大中華主義者になることによって、中国を民主化から守る一党独裁制という長城の崩壊を防ごうとしている。現代の法家は、朽ちかけた党神話に代えて、民族を基盤とした骨太の排他的愛国主義（つまりは大中華主義）を導入しようと努力している。労働者階級の先兵が、偉大なる漢民族とその文化の伝統との守護者に生まれ変わろうとしているのだ。

これまで中国共産党は、最高権力を手にする愛国者集団をもって任じてきたが、天安門事件後は、制度上のあらゆる権限を使って、崩れかけた党神話の立て直しに躍起となった。学校教育では総力をあげて中国の「屈辱の歴史」を教え始めた。国営工場の従業員には、愛国心を教化する学習会への出席が義務づけられた。また、国営メディアも学校も「国情教育」の名のもとに中国例外論の普及に努めた。

中国共産党は、「国情」を以下のように定義する。「中国は社会主義体制確立に成功した国である。これまでの長い間に、資本主義に対する中国の社会主義の優越が明らかになってきた。だが、さらなる政治的、経済的改革が必要である……中国には古い歴史があり、そこから数々の優れた伝統や特質が生まれた。しかしながら、昔の中国社会は思想上の好ましくない影響を受け、しかも、それは根絶されないままとなっている」。

この定義の含意は、次のように理解される。すなわち、中国独特の「国情」と中国の現在の優先課題とを考えれば、強い中央政府が不可欠だが、それを用意できるのは共産党だけであり、同時に、経済成長を持続させ、中国を再びアジア一の大国に押し上げ、「歴史勘定の修正（帝国主義諸国に借りを返すこと）」の手段を提供できるのも中国共産党だけだ。しかし、この定義の行間には、実はそうではない、というサブリミナルメッセージが流れている。

これらの努力の結晶が、一九九四年九月に共産党が出版した包括指導書の「愛国主義教育実施綱要」だ。これにより、学校では「幼稚園から大学にいたる教育の全過程で一貫して愛国主義教育が行なわれなければならず……関係する学科の授業に浸透しなければならない」とされた。中華人民共和国の歴史教科書は、昔から民族主義熱と外国人への嫌悪感を発揚するものだったが、それと同じ姿勢の教育が、小学一年生の国語から、中学校の社会科の教科書や高校の政治学の授業まですみずみに行き渡った。こうして、新たな愛国者養成のみを目的とする、幼稚園から大学まで一貫する教育課程ができあがったのである。

小学二年生の国語教科書には、第二次世界大戦中、待ち伏せる共産党八路軍の射程内に「悪魔のような日本兵をおびき寄せ」、自らも命を落とす牛飼いの少女の話が綴られている。建国五十周年を記念して発行された低学年向け読本『小学生が必ず知っていなければならない十のことがら』では、中華人民共和国建国の理由として、「外国からの侵略に抵抗し続けた中国人の百年にわたる歴史」を取りあげている。八年生の社会科教科書は、「私たちの祖国は、かつて進歩した偉大な国だった……だが、欧米の資本主義国列強の侵略を受けて、国家を根底から揺るがすほどの危機が起こった」という言葉で始まっている。

教科書では、歴史上の複雑な出来事が、良い中国人愛国者と悪い外国人帝国主義者が対立する、わかりやすい教訓物語に編集されている。清朝政府や国民党は、中国の完全な植民地化を阻止したと賞賛されもせず、偉大な中国が屈辱に甘んじるのを看過したと非難されるのみだ。十九世紀半ばに起こった太平天国の乱は、本来は、キリスト教の影響を受けて清朝打倒を目指した反乱だが、「中国史上最大の農民戦争」に変形され、「外国と中国との反動勢力によって鎮圧された」と書かれている。十九世紀末のある秘密結社がキリスト教宣教師の家族を情け容赦なく殺害し、外国公使館を包囲した義和団事件は、「帝国主義者の侵略への抵抗闘争が最高潮に達した出来事」と讃えられている。

中国人は言う。「歴史は処女のようなもので、思うままに装わせることができる」。愛国主義教育政策で取り組むべきは、過去の出来事の正確な記述ではなく、若者の血をたぎらせるために作られた精神論物語の普及だ。物語は、例えばこんな具合に綴られる。「何世紀も続いた中華帝国の威光は、外国の帝国主義者の侵略によって地に堕ち、人々はその後百年にわたって屈辱を味わう。だが中国は今、共産党の強力な指導の下で、世界に誇る伝統的な中国の地位を取り戻そうとしているのだ」。

歴史の改竄は中国では珍しいことではない。新しい王朝誕生のたびに、開祖は例外なく、前王朝の汚れた歴史を編纂《へんさん》させるよう苦心する。前王朝が権力を失った経緯を詳細にあげつらうことによって、自らの正統性を高めようとするのだ。だが、中華人民共和国建国からすでに五十年にもなる現在、現政権が簡単に要約した歴史書を作るのには、少々違う目的がある。先の国民党政権の正統性を否定するのではなく、失われた中国領土を取り戻し、そこを占領している帝国主義諸国の覆滅を正当化する「歴史認識」を生み出そうとしているのだ。

この愛国主義教育が訴える内容は、大まかな言い方をすると、中国版『我が闘争』のようなものだ。すなわち、

「中国人は偉大な民族であり、当然のことながら何千年もの間、世界を支配してきた。ところが外国帝国主義者によって辱《はずかし》めを受け、大切な人や土地が引き裂かれて奪われ、国全体が分裂の危機に瀕した。だが中国は今や、奪われた領土だけでなく、失った威光をも取り戻すと固く決意し、立ち上がって反撃を開始したのだ。外国の内情を慎重に見極め、我々の力になるものだけを受け入れ、キリスト教や西洋の自由主義のように我々を弱めるものは拒絶しなければならない。したがって、このような外国思想に抵抗し、中国大衆をしっかりした中国国民に変えることが中国国家の第一の責務となる。この闘争を指導する意志と決意があるのは共産党だけだ。また、新しい中国は、アジアに散らばった中国同胞をその腕の中に包み込まなければならない。この百五十年間、欧米から屈辱を与えられてきた民族は、自信回復によって救われる。中国国家再建には、人民解放軍の現代化と無敵化とが不可欠だ。新世紀を迎えようとするとき、中国国家は、中国民族にふさわしい世界での地位を獲得する準備を終えていなければならない」

共産党管理下のメディアは、こうした教育課程を支持し、中国人とその歴史に関する宣伝活動を大々的に展開した。民族としての誇りを取り戻し、民族主義に火をつけ、共産党を力強い民族主義の象徴とすることにより、その低下したイメージを向上させるのが狙いである。

中国国民には、こうした教育を受け入れる理解力があると見える。二〇〇二年のある世論調査では、価値観のうちで何を重視するかという質問に対し、若者は「自尊心」に次いで二位に「愛国心」を挙げた。労働者、農民、理科系の学生が一位に挙げたのは「愛国心」だった。「愛国心」はその十年前の五位から急上昇していた。

大中華主義には、馬鹿馬鹿しいと思える側面もある。例えば、政府が練り上げた宣伝用報告書によれば、ナイフとフォーク（最近になって箸に代わった）から、ゴルフなどのスポーツ競技やチューリップ栽培に至るまで、何もかも、中国が発祥の地だと主張されている。

だが、その背後には、中国共産党の非妥協的な意図がある。それは「国家そのものの存続」である。

「愛国主義教育実施綱要」によれば、愛国主義奨励の目的は「民族精神の鼓舞であり、民族結束力強化であり、民族の自尊心と誇りを不動とすることであり、そしてまた、愛国者民族の最前列を最大規模で強化・発展させること」だ。これが実際に意味するのは、「たとえば伝説上の帝王黄帝のような、国民全体が崇拝の対象と『中華民族』とを再結合させ、大中華の心を明確にし、同時に中国のさまざまな将来像を探ること」だと、オーストラリアの中国研究家ジェレミー・バームは述べている。共産党は「新たな愛国者民族の最前列が整列する場所は共産党だ」と自ら宣言し、そうすることで、共産党が絶対に必要な存在として国民の目に映ることを願っているのだ。

中国の知識人は常に、国家にすり寄り、ときには迎合するかのような態度をとってきた。現在でも彼らはあまりにも安易に「祖国第一は是非に及ばず」という考え方に従っているように思われる。この考え方に従うなら、文化・歴史・民族の一致団結を呼びかけさえすれば、どんな行為をも正当化することができる。中国統治者と知識人との共生の好例が『ノーと言える中国』だ。この本を書いたのは、数年前は天安門広場でデモに参加し、政府に抗議していた五人の若手知識人だが、ここでは、中国がそれにふさわしい地位を得ることを妨害するアメリカの「陰謀」に抵抗すべしと、国民に迫っている。ベストセラーになったこの本に寄せられた序文には、こう書かれている。

「中国が唯一存在する社会主義の超大国として、その一挙一動は世界の注目するところとなった。アメリカは思想的に中国とはまったく異なるゆえ、一国世界支配への思惑もあって、中国の隆盛に少なからず苦悩し、危惧の念を抱いている。アメリカのこうした立場から見れば、中国がアメリカの敵対国となって、アメリカが文化、経済、軍事各方面で世界に行使しようとする覇権を抑止する可能性は十分にある。中国を標的とする『自由世界』の陰謀が、すでに各地で姿を現わしているのはそのためだ。……要するに、アメリカの基本政策は中国封じ込めにある。アメリカは、中国を敵国として、新たな冷戦に突入したのだ」

中華人民共和国で出版される本はすべてそうだが、この『ノーと言える中国』も、正式な出版許可がないと印刷できない。

一般中国人の愛国心も、かなり排他的色彩を帯びている。中国への香港返還交渉が行き詰まっていた一九八三年、国営映画撮影所で愛国的な超大作映画『火焼円明園』が撮影された。イエズス会宣教師が設計したバロック様式の宮殿がある清朝離宮が、一八六〇年、英仏連合軍の略奪と放火を受けた事件を描いた映画だ。この映画の製作当時、イギリスは、不正な手段で手に入れた中国南部、特に香港返還をかたくなに拒否していた。この映画では、反英感情を高めるため、イギリス人を悪者に仕立てている。

しかし、政府がわざわざ世論を煽るまでもなかった。一九九七年に香港が返還されると、国営メディアはほとんど何もしなかったにもかかわらず、中国国内は大中華主義の勝利に沸きかえった。中国人にしてみれば、また一つ、過去の過ちが修正され、また一つ、帝国主義列強が過去の負債を返済したのだ。香港の住民たち自身、熱狂的にこの事実に酔いしれた。

米軍機がベオグラードの中国大使館を誤爆すると、中国公式報道機関の反米的な論調は極度に激化した。党機関紙、人民日報には、「悪人には破滅が待ちかまえている」という見出しが躍り、世界支配を望むとされるアメリカとナチス・ドイツとを比較し、類似点を強調する記事が掲載された。人民日報は、中国大使館への爆撃が意図的な攻撃であり、勢いを増している中国の鼻先に撃ち込んだ威嚇射撃であり、アメリカの覇権を脅かすな、とのメッセージだと非難したうえで、「だが中国国民は、アメリカの『邪悪な』意図を察知しており、これに対抗するために（中国の）国力増強に十分に努めることだろう」と報じている。

元来、中国にはこうした憎しみを生みやすい土壌があった。「外国の帝国主義者」への反感を煽る宣伝活動が長年にわたって展開されてきたため、西洋人は常に中国を抑圧しようとするものだと信じる国民が多いのだ。こういう人々は、大使館爆撃も意図的なものだと考え、それが「誤爆」だという話を信用しようとせず、NATOの謝罪を拒否した。そして、中国政府が「アメリカの覇権主義」を激しく非難するがために、意図的に大使館が狙われた、と言い張る。『北京青年報』によれば、ある世論調査では調査対象となった八百三十一人全員が、アメリカの爆撃は意図的だと今でも信じている。そして、その過半数の五十六パーセントはアメリカが「野蛮で狂気じみている」と答え、三十七パーセントがアメリカ合衆国政府は「ナチズムに支配されている」と断言した。

第五章　アジア支配を目指しての軍事大国化

●——急速に進められる軍備の最精鋭化

中国人は「外国人を嫌い、失われた帝国の栄光に囚われている」というレッテルを張られている。それがシリアやカンボジアのことだったら、学者だけが面白がって論評していればよいかもしれない。だが、現在の中華人民共和国は断じて張り子の虎ではない〔訳注：一九五七年、モスクワで開かれた世界共産党労働者等代表者会議で、毛沢東が「アメリカ帝国は張り子の虎だ」と演説したことに掛けて、こう表現している〕。すでに、アジア大陸では最も有力な経済大国であり、一方で、急速に最新鋭の軍事兵器をととのえている。

一九八九年以降、中国の軍事費は二けた台の伸び率を示してきた。一九九九年、コソボ紛争をきっかけに、武器その他の装備への軍事支出にさらにはずみがついた。以来、この五年間の伸びを平均すると年率十五パーセント。インフレがほとんど起こっていないことを考えると、これはたいへんな数字だ。一九八八年に二百十八億元だった表向きの軍事支出が、二〇〇一年には千四百十億元に跳ね上がった。実に七倍近い増加である。

人民解放軍は、核兵器も通常兵器も、急速に最新鋭のものを拡充しているが、明確な戦争の脅威が存在していない現在、これは非常に注目すべきことだ。国外からの脅威が今ほど少ないのはアヘン戦争以来初めてだろう。他の大国（アメリカ、イギリス、フランス、ドイツ、ロシア）が軍事予算を削減しているなかで、中国政府は、中国大使館誤爆事件などを口実に軍事予算を拡大し、人民解放軍に大々的な軍備の増強を命じた。

中国共産党は、中国の軍事国家としての伝統、共産主義理論、そしてまた党自体が軍事組織として誕生したことを根拠に、「戦争の不可避性」という概念を掲げ続けてきた。鄧小平は一九七五年、中央軍事委員会で、「戦争を先延ばしし、人民解放軍全体の近代化を図ろう」と提案した。だがそれでも、「戦争の不可避性」という概念そのものに疑義がはさまれることはなかった。

一九八〇年以来、中央軍事委員会の主席を務めてきた鄧小平は、人民解放軍をより専門的な軍事集団に生まれ変わらせるための刷新を図った。一九七九年、ベトナムに侵攻した中国軍の惨敗後、鄧は老齢化した将軍たちを退役させ、新技術に適応する能力のある世代の人材と交代させた。また、戦略目標をより鮮明にするために大軍区の数を十一から七に減らし、さらに、小銃部隊一色という四〇年代さながらの人民解放軍の単純な編成を、機甲部隊やその他の先進的な兵器部隊に変更していった。また、宇宙追跡システム、核エネルギー、レーザーなど、軍事的に有効な科学技術の導入を目的とする「八六三計画」を大々的に立ち上げた。さらにソビエト連邦崩壊後、ソ連製ハイテク装備の購入を初めて承認した。

鄧小平の後押しを受けて後継者となった江沢民も、より積極的に人民解放軍の近代化を推し進めた。数十億元を支出してロシアから兵器を購入し、「八六三計画」を単に実行するだけにとどまらず、一九九六年にはそれを野心的に発展させた「超八六三計画」を打ち出した。軍の現代化のために経済活動全体の近代化を進めるという鄧小平の方針を再確認し、これを成文化したのだ。

この流れを受けて胡錦涛国家主席も、「他の国々との力のバランスを保つために軍事力を常に強化し、我が国と世界の主要な大国との軍備格差を早急に縮小しなければならない」と述べている。軍部のトップとして中央政治局委員に新しく選ばれた曹剛川《そうこうせん》上将は、このような軍備重視の姿勢を率直に表現する。「強い軍隊がなければ、経済の発展に専心することはできない。……防衛力が強力であればあるほど、我が国の安全保障は確かなものになり、(台湾との)統一も確実に達成される」。

この「国民生活より軍備優先」の姿勢を言葉で表現したのが、いわゆる「十六字方針」と呼ばれるものだ。一九九七年、江沢民と中国共産党が承認した「十六字方針」は、それぞれ四文字からなる四つの文で構成されている。

軍民結合《ジュンミンジエヘ》(軍と民とが協力する)
平戦結合《ピンジアンジエヘ》(平時と戦時を区別しない)
軍品優先《ジュンピンヨウシアン》(軍需品の生産を優先する)
以民養軍《イーミンヤンジアン》(民が軍を支援する)

アメリカ下院議会に提出されたコックス報告書の結論によれば、「中国共産党が民間経済に第一に求めるのは、現代的な軍事力増強への貢献、そして人民解放軍の目的への奉仕だ」。

この「十六字方針」から、中国が民間経済、特に科学技術や工業力の伸長に意図的に力を注ぐ理由が見えてくる。近代的兵器システムの生産を図るとともに、経済活動の利益で最新型の武器を輸入するのだ。中国が追求する「総合的な国力」とは、いわば二人三脚の構造で成り立っている。最初の二本は、ハイテク産業の振興と骨太の経済成長。この二本の足が、三本目の最も重要な柱、軍備近代化に結びついている。

孫子は「戦《いくさ》をしたいときには、その気配を見せてはいけない」と説いている。中国は表向きには軍の近代化を最重要視しているわけではないと声高に主張している。そのような観測は心外だと言わんばかりだ。「我が国は経済発展のために最大限、国家資源をつぎ込んでおり、軍の近代化は経済発展に寄与するものに過ぎない、みなさんどうぞご安心を」というのが七〇年代後半から変わることのない政府筋の口上だ。

しかしながら、人民解放軍の上層部や国内の研究者の間では、軍の近代化を第一に推し進めるべきだと公然と主張する者が少なくない。例えば、共産党中央軍事委員会前副主席で、中央政治局常務委員でもある劉華清上将は一九九二年、経済を近代化するためには「先端科学技術」を取り入れるだけではなく「それで武装した人民」も必要であり、さもなければすべて「無意味な話」だと発言している。

中国の公式軍事予算も、敵を欺く兵法の一つだ。中国政府の発表では、二〇〇一年に支出した軍事費はわずか千四百十億元（約百六十億ドル）である。これで人民武装警察まで含めた三百万強の軍隊を維持し、武器の輸入をまかない、大規模な武器の生産工場を維持し、大々的な研究開発を行なったという。

情報通の大方はそんな馬鹿な話はないと断じていて、実際にはその二倍から十二倍の金が軍事関係に使われているのではないかと推測している。つまり、二〇〇一年の場合なら、たったの百六十億ドルではなく、三百四十億ドルから千九百二十億ドルという巨額な軍事費の支出があったということだ。その軍事支出の総額は控えめに見積もっても、日本、フランス、イギリス、ドイツを抜き、アメリカ、ロシアに次いで世界第三位となる。

中国政府は軍事予算をわざと少なく見せる小細工は断じてしていないと否定するが、実態はひどく雑で、少し調べればそのからくりが透けて見える。軍事予算として計上されているのは、基礎訓練、兵士の給料、作戦即応（O&M）体制を維持するための費用だけだ。その他の軍事費は、軍事関連の研究開発、武器や装備の生産、核兵器計画、特殊兵器の調達、重要な武器の輸入から、人民武装警察（PAP）や予備役関連費用、軍人年金、軍需産業への補助金にいたるまで、すべて国家予算の軍事費以外の項目や地方予算に紛れ込ませているのである。さらに、人民解放軍は予算外の収入源も持っている。軍農場での生産、武器輸出、さらに軍事関係以外の経済活動（現在では減少しつつある）から得られる収入だ。

明言できるのは、中国経済の急速な拡大によって、軍事予算も同じ速度で拡大することができたということだ。一九九二年以来、中国は驚異的な経済成長を遂げてきた。GNPの成長率は年八～十二パーセントにのぼる。すなわち経済規模が六～九年ごとに倍増してきたということだ。「十六字方針」の言葉を借りれば、中国政府は、「民が軍を支援する」ためのさらに大きな経済基盤を手に入れたことになる。

この数年、公式の軍事予算が二けた台の伸び率で、他の予算よりも大きく拡大している点は中国も認めている。その他の情報を総合すると、隠れた軍事費も同じ勢いで増大していると考えられる。軍人では中央政治局内の最高位にある曹剛川上将は、最新鋭兵器システムの開発と調達とを重点的に進めるために、今後も軍事費が二けた台の率で増加するよう望んでいる。

普通、軍事予算の大部分を占めるのは人件費だが、それが中国では非常に安い。したがって、中国の実質的な軍事予算はさらに大きく膨らむ。例えば一九九一年の軍事費はわずか六十億ドルだが、世界銀行が算出した物価比率を用いてアメリカの軍備管理軍縮局が換算したところ、これは欧米諸国ではなんと五百十億ドル前後に相当するとの結果を得た。その年度の世界第三位になるという計算だ。

『ニューヨーク・タイムズ』の香港支局長や北京支局長を務めたニコラス・クリストフは、九〇年代半ば、中国の軍事予算は六十億ドルだが、表向きに予算に現われない費用や通貨の価値を考慮して修正すると、欧米なら九百億ドルに相当すると述べている。中国の現在の軍事予算を同じ方法で計算すると二千四百億ドルになる。これと比べれば、他のアジア諸国の軍事費などはまったく取るに足りない。これを超えるのはアメリカと、おそらくロシアだけだろう。

人民解放軍の兵員はこの二十年間ずっと削減され続けている。鄧小平による軍改革が始まった当初は四百万いた兵士が、現在では（人民武装警察を除くと）二百五十万になった。兵員削減は今後さらに進むだろう。曹上将は、「わずか」百万から百五十万規模で十分と考えているようだ。

だがこれは、軍隊を一律に縮小するということではない。周到な計画に基づく「合理化」である。少数だが装備に優れ、より破壊力のある兵士を擁したハイテク軍隊を作り上げるのが目的だ。伝統的な小銃装備の歩兵中隊は現代の戦場では消耗品でしかないため、解隊したり、人民武装警察に移管されたりしている。その一方ではミサイル戦や情報戦を専門とする部隊、火器支援部隊などが新しく組織されている。胡錦涛国家主席は「我々は、軍隊の質的向上を前向きに推し進め、量から質への転換、労働集約型から科学技術集約型への転換を図らなければならない」と語っている。つまり、無駄もなければ血も涙もない「戦闘マシン」をつくるということだ。

兵員削減は、国内外からさらに武器を調達するための資金を生み出す。短射程距離弾道ミサイルと巡航ミサイルの国内生産、ロシアとイスラエルからの装備購入、そして国産化を目指した二種類の新型潜水艦、水上戦闘艦、戦闘機の開発などには、きわめて多額の資金がつぎ込まれている。一九九〇年以降、ロシア一国からの武器購入に使われた金額だけでも推定二百億ドルにのぼるという。

こうした軍事費の増加は、軍の基本戦略が、孫子好みの婉曲表現で命名された「積極防衛」に変更されたためだ。中国はこれまでの数十年間、基本的には防衛に徹してきた。しかし、自国の領土権を主張する地域を遠く広げると同時に、その地域を防衛し、さらには攻勢に出る姿勢が必要になってきた。今、中国はそのための兵力展開能力を獲得しつつある。中国空軍、海軍、そして上陸作戦部隊は、大量の最新鋭の通常兵器や核兵器を幅広く装備し、着々と、中国国境をはるかに越える遠隔地まで攻撃する力を蓄えているのだ。そして、これらの兵器システムの照準を、主にアメリカ本土と、沖縄などのアメリカ軍海外基地とに合わせている。

最高値で買い付けた旧ソ連の軍事技術

よく言われることだが、中国国内の汚職蔓延と最先端軍事技術の不足とは、やはり覇権国としての軍備刷新を妨げる要素だろうか。人民解放軍が大規模事業の道に走ったのは確かだし、それが相当程度、汚職につながるのもこれまた間違いない。中国でよく耳にする話がある。ある連隊長が連隊車両のナンバー・プレートをすべて民間のトラック運送業者に貸し出した。そのプレートをつけた「軍用トラック」は道路走行中、料金所に頻繁に出くわしたが、通行料をまったく徴収されることなく通過できたそうだ。

だが、汚職が人民解放軍の戦闘能力を著しく損なうとか、近代化を遅らせるというのは、大げさな話だ。実際に悪事をはたらく者は減りつつある。さらには、中国ではごくあたりまえとされる慣習が、外国人の目には「汚職」と映ることもかなり多い。

そもそも人民解放軍では、その創設当初から、軍事物資調達という「犯跡」を極力残さないよう、食料やその他の必需品の補給については各部隊それぞれに責任を負わせていた。国共内戦中、国民党軍は必要物資を民間から調達していた。それも金を払わなかったり、ときには有無を言わせず略奪行為にまで及んだりした。それに対し、人民解放軍の兵士は、人に頼ることなく、民間人には丁寧に対応するよう教育されていた。そして、いったん部隊の拠点が定まれば、兵士は自分で穀物を栽培し、収穫した。その後、中華人民共和国が建国されると、衣料品その他の装備や武器を作る工場も建設した。経済改革が始まるとともに、今度は一般市場でその製品を売り始める。だがこれは、軍の経済活動が自然に発展したものであって、軍の伝統との訣別でもなく、腐敗でもない。

豊富な資金があっても、腐敗を厳しく取り締まっても、先端兵器システムや軍事技術を外国から取り入れなければ、軍の近代化には何十年もかかるだろう。軍もそう認識しているからこそ、世界中の最新兵器をやたらと買い集めているのだ。中国は兵器購入の規模でヨーロッパや中東の国々を凌ぎ、合法的にも、非合法的にも、兵器とその関連技術の世界一の輸入国となった。例えば、国産のF10ジェット戦闘機の開発に使われた技術は、イスラエルでアメリカの技術供与を受けたラビ戦闘機の開発が中止された際に、イスラエルから違法に提供されたものだと言われている。

中国に現代兵器と軍事技術を提供している主な国はロシアだ。旧ソ連の軍事技術は、最先端のシステムも含めてほぼすべて売りに出され、最高値をつける国に輸出されている。その最大の輸入国となったのが中国というわけだ。ロシアから中国へ輸出されるもののなかには、ロシア製中距離ミサイルSS18、SS19に使われた制御システムと誘導システムも含まれているという。

中国はまた、ロシアとの関係を利用して世界最高水準の軍事技術を開発することもできる。中国で開発可能な技術水準は、アメリカの最先端技術に比べても十年程度、もしくはそれほどの遅れはないかもしれない。精密な兵器システムが中国国内で生産されるのも遠い将来のことではないだろう。中国の技術戦略を左右するのは、ロシアの科学者、専門家、技術者だ。遅浩田、パーベル・グラチョーフ両国防相が一九九三年十一月に署名した「中ソ軍事協力協定」には、武器販売だけでなく、人事交流、人材育成、技術情報共有、兵站の相互支援なども含まれていたという。また、失業中のロシアの科学者、技術者を、中国の産軍複合体で働かせるための採用活動が民間でも急ピッチで行なわれている。中国の産軍複合体に従事するロシア人の専門家は現在一万人と推定され、その数はさらに増えている。

●──盗み出した技術で造る核弾頭

中国はかつての覇権国としての地位を取り戻したいあまり、スパイ活動にまで手を染めだした。特に標的とされるのは、世界の垂涎の的、アメリカの技術だ。この活動の先頭に立つのは国防科学技術工業委員会（ＣＯＳＴＩＮＤ）主任、丁衡高退役上将である。この委員会は兵器システムの開発を監督する機関で、情報通信技術その他の軍事転用が可能な技術の特定、獲得を任務としている。

丁上将は一九九四年夏に発行された『中国軍事科学』のなかで次のように断言している。

「我々は軍事と民生共用の技術を研究し、民生技術を軍事防衛に転用する方法の探究によって、軍事技術の急速な進歩を図らなければならない。外国の進んだ技術を取り入れる好機は逃してはならない」。また、丁上将は、欧米民間企業との合弁事業は「相互浸透の拡大」によって産軍複合技術を中国に移転する機会を生み出すものだと称賛している。

中国製弾道ミサイルを使ったアメリカ通信衛星の打ち上げは、丁上将の見解が具体的に示された典型例だろう。一九九六年二月十五日、中国製弾道ミサイルがアメリカ通信衛星の打ち上げのために「長征」ロケットとして使用された。しかし、打ち上げ直後に爆発事故を起こした。このロケットには、ローラル社とヒューーズ社が共同所有するインテルサット通信衛星が搭載されていたが、破壊された。両社の技術者が事故原因を調査したところ、ロケット誘導システムに電気系統の不具合などの問題がいくつか見つかった。両社はこれらの問題を解決して長征ロケットの信頼性を増すために、詳細にわたる技術的改善提案をまとめて中国当局に提出したのだが、これは明らかにアメリカの法律に違反する行為だ。一九九六年五月、この事件に関する秘密調査がアメリカ空軍の国家航空情報センター（NAIC）の手で行なわれ、「アメリカの安全保障が損なわれた」ことが確認された。

爆発事故を起こした長征ロケットは、かつて中国からアメリカの各都市を狙っていたものだが、信頼性の低さで有名だった。しかし、ローラル社とヒューズ社の提案に従って改善された後は、現在まで一度も事故を起こしていない。かくして「民間合弁事業」は、丁上将の言う「民生技術の軍事防衛への転用」に利用され、中国軍事力の「急速な進歩」に貢献した。要するに、核弾頭を搭載してアメリカを狙う、中国製ICBMの信頼性が増したということだ。

これに衝撃を受けたアメリカ下院議会は一九九八年、クリストファー・コックス下院議員を委員長とする超党派の特別調査委員会を組織した。この委員会の目的は、アメリカの安全保障がローラル社とヒューズ社との行為によってどれほど損なわれたかを評価することにあった。ほどなくして調査委員は、ミサイル技術流出が比較的小さな問題にすぎないと判断した。はるかに大きな問題を見つけたからだ。それは、中国がアメリカ軍事技術を入手するために過去二十年間にわたり、大規模なスパイ活動を行なっていたという事実だ。

一九九八年十二月三十日の記者会見で、コックス委員長は淡々とこう語った。「アメリカの安全保障が実際に損なわれたことを本日ご報告いたします」。八百五十二ページに及ぶコックス報告書は、ほとんどがいまだに機密扱いにされている。公表された報告を見ると、中国の兵器開発計画はスパイ活動によって十五年間分が促進され、重要な技術分野におけるアメリカとの格差を半分以上縮めたことがわかる。

中国は、ロスアラモス、ローレンスリバモアなどの核関連研究所から、欲しいと思った情報を簡単に持ち出してしまった。あるCIA捜査官によれば、「中国人の侵入は徹底していて、研究所の超極秘計画にまで手を伸ばしていた」。コックス報告書によれば、最も深刻な被害のなかには、「現在、アメリカの弾道ミサイルに搭載されているすべての水素爆弾頭を含む、七つの水素爆弾頭」の設計情報が含まれていた。

潜水艦発射トライデント弾道ミサイルに搭載できるように先細型に設計された小型弾頭は、

アメリカがこれまでに開発した弾頭のなかで最も精巧なものだが、これすらも中国には秘密ではなくなってしまった。その技術により、この種の小型弾頭をそれぞれ別の目標に向かわせるための多目標個別再突入弾（ＭＩＲＶ）化も可能となった。中国所有のＩＣＢＭ二十四基が、この二つの技術によって小型弾頭をそれぞれ十発搭載するように改装されれば、アメリカ本土へは弾頭二百四十発がそれぞれ別々に撃ち込まれることになり、脅威は十倍に膨れ上がる。この技術は潜水艦発射弾道ミサイルにも応用できる。しかも中国は、その種の潜水艦の建造に現在取り掛かっているのだ。

一九八〇年代後半には中国工作員がローレンスリバモア研究所に侵入し、強化放射線弾頭の機密設計データを入手した。この「中性子爆弾」は、大規模な爆発は起こさず、致命的な放射能によって人間だけを殺傷する。アメリカでは反戦運動の圧力を受けて、この爆弾のテストはまだ行なわれていない。しかし、中国はそのような圧力も受けず、実戦配備には十分といえる五回のテストをすでに終えている。

暗号化技術は、米軍の指揮管制通信システム（３Ｃシステム）のセキュリティーに絶対欠かせない技術だ。だがこれも、あのローラル・ヒューズ騒動の際に中国の手に渡ってしまった。この技術は最高機密とされており、アンザス（ＡＮＺＵＳ）安全保障条約の同盟国オーストラリアでさえ提供を拒絶されたほどだ。ところが一九九六年二月十五日、長征ロケットが爆発した直後、アメリカ人関係者が現場への立ち入りを五時間止められたために、暗号処理用マイクロプロセッサーとマザーボードを回収することができなかった。湾岸戦争の詳細な分析によって中国は、いわゆる「軍事革命」のなかでも情報技術、特に衛星通信の暗号化の重要さに気づいた。最先端暗号化技術があれば、中国陸海空軍各部隊を密かに、しかも速やかに集結させ、例えば、台湾攻撃も十分可能になる。

中国は、「五軸制御マシニングセンター」も手に入れている。これはコンピューター制御による精密な工作機械で、弾道ミサイルの製造にも、新型軍用機の製造にも使われる。というのも、人間の手では届かない部分の余分な金属をけずり落とすことができる機械なので、機体が軽く操縦性能に優れ、したがってより破壊力のある航空機を造るのに適しているためだ。

この最先端工作機械は、中国の軍関係企業、中国国家航空技術輸出入公司（CATIC）が、倒産寸前だったマクダネル・ダグラス社から「購入」したことになっている。せっぱつまっていたマクダネル・ダグラス社が、なりふりかまわず、総額十九億ドルの旅客機四十機を中国で製造する契約の締結を切望したため、この工作機械を買いたたく絶好の機会を中国政府に与えてしまったのだ。

中国政府はダグラス社に、同社の航空機製造工場をまるごと中国に売却する条件を呑まなければ契約しないと迫った。結局、同社はこの要求を呑み、オハイオ州コロンバスにあった工場の五軸マシニングセンターのすべてを、わずか五百九十万ドルで中国に売却した。後になってこれを知った米国防総省は、この値段はとんでもない「バーゲン価格」だと批判した。国防総省と各種の情報機関が強く反対したにもかかわらず、一九九四年、商務省の当時の長官ロン・ブラウンは、この売却を承認した。その後一九九五年三月になって、マクダネル・ダグラス社の役員は、「売却された機械のうちの六台は、契約書に書かれた北京の工場ではなく、そこから千三百キロ離れた南昌航空機公司に送られていた」ことを知るが、すでに手遅れだった。そこは、シルクワーム巡航ミサイルの製造工場だったのだ。

中国工作員が盗み出した軍事技術や装置を並べてみると、人民解放軍の求めているものが明らかになる。ミサイルMIRV化技術や、指揮管制システムに欠かせない暗号化技術の他に、高周波兵器、レーダー衛星、ミサイルや軍用機の誘導技術、電磁パルス（EMP）兵器技術、ミサイル設計情報などが含まれている。盗み出した情報によって、中国での研究に必要な時間が延べ一千万時間短縮されたとの推計もある。アメリカの科学者が五十年かけて研究し、作り上げたものを、中国はたった十年で盗み出し、コピーしてしまったのだ。中国の次世代核弾頭やミサイルは、アメリカの設計品に酷似したものになるだろう。

アジア駐留米軍への敵愾心

一九九四年、米国防総省ネット・アセスメント局が行なった戦争シミュレーションでは、二十五年以内に人民解放軍はアジアの駐留米軍に勝つという結果が出た。二〇一九年頃と想定される話だが、シミュレーションは簡単に現実になり得る。

もし中国指導部が戦略均衡を破り、軍事力でアメリカより優位に立つことだけを目指すのなら、短距離用から長距離用までの各種ミサイルを造るはずだ。ミサイル攻撃で空母の防壁となるイージス・ミサイル巡洋艦やフリゲート艦を圧倒し、韓国や沖縄などに配置されている部隊にミサイル攻撃を加えればよいのだから。ところが、中国が現在行なっているのは、太平洋にも展開できる海軍建設と空軍の急激な近代化である。これによってアメリカに挑み、周囲の国を威嚇しようというのだ。

中国は今、ありとあらゆる攻撃用兵器を取りそろえ、遠隔地にまで大規模な軍事力を誇示しようとしているのだが、その意図は謎でも何でもない。中国から見れば、自国が中華帝国復活の望みを抱いて進む先には、あらゆる方面でアメリカの抵抗が待ち構えている。東に目を向ければ韓国と沖縄に駐留する米軍地上部隊、日本にはアメリカ空軍と海軍。南にはアメリカから武器システムを供給されている台湾。その背後にはアメリカ空母が潜んでいる。さらに南に目を移すなら、フィリピン、インドネシア、タイといった、伝統的にアメリカと密接なつながりがある国が続く。南半球にはオーストラリアとニュージーランド。西にもアメリカと関係の深い国がある。パキスタンとカザフスタンだ。この地域には近年、さらにアメリカの影響が深まりつつある。

中国の目には、アフガニスタンと中央アジア諸国における米軍の新たなプレゼンスは、アメリカが中国を包囲するものと映る。デイビッド・シャンボーに言わせれば、「いささか偏執狂じみた」中国首脳部の見方を裏づける結果になったのだ。そのうえ、さらにその西方にはNATOがある。世界でNATOほど強固な同盟はない。中東ではイスラエルがアメリカの同盟国の中心となっており、その周りをエジプト、サウジアラビア、アラブ首長国連邦が取り囲む。

ユーラシア大陸の東半分は中国が属国や進貢国を通じて幾度となく支配した地域だが、その一部が今やアメリカの保護区となっているのだ。

中国の軍事力増強は、アジアの他の国々に対して覇権を行使するためというより、今やアジアの安全保障国となっているアメリカと、その地位をかけて争うためのものだ。現在、ラムズフェルドが長官を務める米国防総省は、中国の目標は「アジアにおけるアメリカの優位を崩し、アジアの『覇権』を握ることだ」と断定している。だが、アジアにおけるアメリカ勢力の抑え込みは、中国のより大きな目標の一部にすぎない。それが中国の指導者の口から出ることはないが、その目標とは、唯一の超大国として世界に君臨するアメリカの支配を終わらせることなのだ。

●――中国の野望に「地理的限界」はない

中国研究の専門家と言えども、中国の複雑きわまりない謎を解く鍵を持ち合わせていなければ、中国が今後どのように振る舞うかを正確に予測するのは難しい。そこで多くは、中国が侵略的な行動に出る可能性を最低限にしか見積もらないこととなる。だが、そうした専門家たちも、中国が台湾を取り戻し、南シナ海一帯を支配すると決意していることは認める。中国政府の激しい主張を考えれば、そう認めざるを得ないからだ。しかしその先の話になると、中国の反米感情は徐々におさまり、その過程で、アメリカ中心的世界秩序のなかで自国の居場所を受け入れるようになるだろう、と予想する。

では、中国は自国の将来についての「マスタープラン」を持っていないのかといえば、そうでもない。中国の将来の可能性を考えるなら、かつての帝国の版図だけを見れば済む。十八世紀、拡大期であった清代は中国が最も広い領土を誇っていた時期だが、当時の版図が一種、想定図の役割を果たしている。

第二章で述べたように、当時、中華帝国は広大な地域を支配していた。ロシア沿海州からシベリア南部を横断してバルハシ湖まで、そこから南へカザフスタンを抜け、ヒマラヤ山脈沿いに東へ向かい、ビルマ北部、ラオスからベトナムまでを国土としていた。さらには朝鮮半島、ネパール、インドシナ半島全体が、中国の宗主権を認めて朝貢していた。中国人が「大中華」の将来像を語ろうとすれば、いや応なしにこの地図が思い浮かぶだろう。さらに、胡錦涛ら「第四世代」の指導者の想像力をかき立てるのも、同じこの地図だ。

中国共産党が中国を完全に支配したとたん、かつて清の領土だった地域に強欲な目を向けたのは偶然のことではない。旧ソ連は反帝国主義をスローガンに掲げながら、ロシア帝政時代の領土を維持し得た。中国共産党も、独自の反帝国主義を叫びながらも、ソ連の例に倣う必要はないとして軍隊を繰り出した。その結果、チベット、ソ連に占領されていた新疆の国境地帯と内モンゴル、それに満州を奪還した。次いで、香港とマカオも祖国の手に返された。だが、これだけではまだ中国政府の権限が「大中華」の規模に行使されたことにはならない。そこが問題なのだ。

中国を擁護する人々は、中国の領土保全を侵すような脅威は存在しないのだから、国土を拡大する必要はないと言う。だが中国政府の見方からすれば、自国領土の保全はこれまでも、そしてこれからも、常に脅威にさらされているのだ。台湾が分離しているだけではない。インド、中央アジア、モンゴル、そしてロシアとの国境に沿った広大な一連の地域もまた、中国にとっては奪われた土地なのだ。大中華の目には、これらの土地もすべて「解放」または「返還」されるべきだと映っている。

これらの失われた領土や進貢国が実際に回復されたかどうかは、マスタープランで決まるものではなく、その時々の実状によって決まる。中国が盛んに軍事力を増強し、国境を越えてどこへでも兵力を展開できるようにしているのもおそらくそのためだ。武力を行使する能力さえあれば、敵対勢力の弱点分析などせずに、全方位にその力を生かそうとしている。

「大中華」再建が終わるとともに、中国がさらに遠方に目を向ける可能性はある。例えば中東問題に介入したり、日本とアメリカの離間を謀《はか》ったりするかもしれない。かつて中華帝国の野望の限界を決めるのは「距離」だった。だが、アメリカ、中国など、現在の覇権国に地理的な限界はない。あるのは地政学的な限界のみだ。そして今、その限界を決めているのはアメリカ、ヨーロッパ、アジアのアメリカ同盟国だ。

中国の覇権国への道は、次の三つの段階を経ることになるだろう。

一、最低限の覇権——台湾奪回と南シナ海の完全支配

二、アジアの覇権――清朝最大版図までの中華帝国の拡張
三、全世界の覇権――アメリカと世界全体で覇権を競い、パックス・アメリカーナに代わるパックス・シニカ（中国による世界平和）の確立

●台湾奪還で緊張必至の極東情勢

中国は一九七二年のニクソン訪中後しばらくは、台湾へのあからさまな軍事威嚇は控えていた。しかし、毛沢東はニクソンに、「武力を行使してでも台湾を奪還する必要がある」と非公式に伝えていた。こうしておけば、アメリカの庇護がなくなりしだい、台湾の指導者が交渉に応じると確信していたのだ。中国はアメリカに圧力をかけて台湾から米軍を撤退させ、アメリカと台湾との相互安全保障条約を正式に破棄させることに成功した。しかしその後、台湾経済の繁栄が続き、そしてまた、アメリカが台湾に防衛用の兵器類を輸出する姿勢を変えなかったため、台湾が中国に折れることはなかった。

中華人民共和国の思惑は八〇年代後半、さらに外れることになる。台湾ではこの頃から民主化への動きが高まり、野党第一党の民進党（民主進歩党）が正式な独立宣言を求め始めていた。これは北京の中国政府にとっては二重の脅威となった。台湾が独立によって中国の手から永遠に離れるだけでなく、平和的な民主化を成功させれば、共産党の独裁主義が批判にさらされる恐れもあったからだ。

中国は、香港と同じ方式による再統一を台湾に認めさせようとしたが失敗し、威嚇の度を一段と強めた。一九九五年八月、江沢民主席は、四半世紀前の毛沢東とまったく同じ感情を吐露して日本の『朝日新聞』にこう語っている。「我々が武力で台湾を威嚇することをやめてしまえば、平和的な再統一は望めない」。そして中華人民共和国は、江の言い分を強調するために、台湾近海に核弾頭をも搭載可能なＤＦ15ミサイルを数発撃ち込んだ。

一九九六年三月、台湾総統選挙の投票日前に、中国はＤＦ15ミサイルを発射して再び台湾を威嚇した。またその後、人民解放軍が上陸演習や兵員輸送訓練、攻撃ヘリによる急襲訓練、砲撃訓練などを行なった。介入に消極的だった当時のクリントン大統領も、ついに二つの空母戦闘群を台湾沖に派遣し、北京に警告を発した。アメリカの毅然とした態度を見た中国指導者は姿勢を軟化させはしたが、それでも、その無謀な瀬戸際外交でクリントン政権をしたたかに苛立たせたのは確かだ。

中国が、台湾「解放」を外交政策の第一目標とするほどまでに感情的になるのは、蒋介石政権と国民党軍の残像を消し去りたいからだ。その実現抜きには、党指導部は、国共内戦での勝利確定宣言ができない。また、党が台湾「解放」を望むのにはイデオロギー的な理由もある。この二、三十年間で台湾に定着した民主主義的な価値観や仕組みが、これ以上広まるのを抑え込みたいのだ。民主的で豊かな台湾は、中国近代化に取り組む共産党の胸元に突きつけられる短刀のようなものだ。中国政府から見れば台湾の国民党と民進党とは、とりもなおさず、中国の二大反体制グループなのである。

中国政府は台湾に、香港に適用された「一国二制度」方式を基本条件として、海峡の両岸が合意し、中国と統合するよう呼びかけ続けた。だが台湾側には、現在の政治体制下にある中国と統一するつもりはさらさらない。新たに手にした自由とがんじがらめの鎖、選挙で選んだ政府と共産党政権、台湾で築き上げた軍隊と天安門広場で武器を持たないデモ隊に発砲した軍隊。こんな交換を台湾が望むはずもない。国民党は大陸民主化を中台統一への動きの前提としているし、民進党はそもそも統一を支持していない。どちらの政党も、台湾の統治権を中国の北京政府に返上する気はない。

中国は台湾に対する姿勢として、脅しと交渉を使い分けている。これは国共内戦時の「対話、対話、闘争、闘争」と似たようなもので、台湾にときおり恐怖感を巻き起こして、徐々に士気をくじこうという作戦だ。一九九九年七月、台湾の李登輝《りとうき》総統が「国と国」どうしの対話を求めると、中国政府は彼を裏切り者呼ばわりし、離反した省の鎮圧には必要に応じて中性子爆弾を使うとの意思を表明した。台湾が北京政府に見せる姿勢は、巨人戦士ゴリアテに立ち向かうダビデのように果敢だが、人民解放軍が本気で台湾を攻撃すれば、台湾が陥落するのは確実だろう。

中国政府が台湾侵攻を思いとどまっているのは、ほぼ間違いなくアメリカが介入してくるからだ。台湾の周囲に助けの手を差しのべる国はなく、日本でさえその可能性はない。

一九九六年、中国から台湾近海に向けて発射されたミサイルが、国際航空路を突っ切り、さらに海上の国際航路上に落ち、空海の交通が大きく乱された。しかし、周辺国は一様に見て見ぬふりをした。マレーシアとフィリピンは即座に中立の立場を表明し、インドネシア外相は、この紛争を中国の純粋な内政問題と見なすようにと主張した。また、タイ外相は、中国による船舶と航空機の航行中断は「正常」だと断言した。

中国の戦法は、二千四百年前の孫子の時代から隠密性と偽装に重きを置いていた。実際、すでに孤立している台湾の士気をくじいて降伏を促すためでなければ、中国が宣戦布告をする状況は考えられない。もし中国が台湾を攻撃するなら、思いがけない時に思いがけない方法で行なうはずだ。例えば、台湾のはるか上空で核爆発を起こして通信を乱したり、主な軍事施設にミサイルを連続して撃ち込むなどの方法だ。

そんなシナリオは空想的と思えるかもしれない。だが、これまでアメリカは、いつの間にか進んでいるアジア各地のミサイル開発に何度も驚かされてきた。イラク、パキスタン、イランが短距離と中距離ミサイルを発射したとき、ミサイル開発すら探知できなかったアメリカ情報機関は戸惑った。事実、CIAはイランが一九九八年七月、射程距離千二百キロを超えるミサイルを発射するまで、イランのミサイルがイスラエルを標的にするにはあと十年以上かかるだろうと言い続けていたほどだ。イランはアメリカのスパイ衛星にミサイルを発見されないように地下工場を造って隠していた。北朝鮮も同じ方法でミサイル計画の隠蔽に成功している。

中国指導部が数々の兵器計画の隠蔽にこれと同じ方法を採らないとしたら、そちらの方が驚くべきことだ。おそらくは、すでに存在を知られているミサイル生産ラインに加え、別の生産ラインを地下工場に設置し、一日三交替のシフトでミサイル備蓄を増やしているのだろう。中国はアメリカと違って、兵器在庫を公表するようなことはしていない。

また、アメリカは中国の軍事能力や目標についても十分な注意を払っていないのではなかろうか。アメリカの中国安全保障調査委員会は二〇〇二年七月、そう指摘している。調査報告書には、「中国の信念や将来の計画など、中国に関するアメリカの知識や理解は危険なほど不適切な水準にある。台湾対岸に稼動中のミサイル基地が突然発見されたりするとき、こうしたアメリカの欠点が浮き彫りとなる」と警告している。

中国ミサイルの威力も格段に向上している。一九九五年に発射されたミサイルと一九九六年のそれとを比べてみればよくわかる。一九九五年七月に発射された六基の東風DF15のうち、自爆させたものが一基、コースからそれたものが二基、残りも目標から数キロ外れた。ところが一九九六年三月になると、ロシアから新たに購入したミサイル誘導システムのおかげで、発射されたミサイル四基すべてが目標を正確に捕らえている。しかもその目標地点は、台湾の主要な港、高雄と基隆のすぐそばに設定されていたのだ。

エール大学のポール・ブラッケン教授は、「中国ミサイルの性能向上は台湾にとって憂慮すべき事態だ。通常弾頭搭載ミサイル四十五基で、台湾の港、空港、水道設備、発電所を事実上使用不能にし、海外からの補給を受けるのに必要な石油の備蓄施設を破壊できる」と説く。台湾のインフラ設備にはミサイル攻撃を想定して補強されたものもあるので、台湾のインフラ全体を麻痺させるには数百のミサイルが必要だ、と私自身は思っている。もっともこの数は、ミサイルの命中率しだいである。それでもブラッケン教授の指摘は的を射ている。台湾は小さな島国なので、国家の生命線は三つの主要な港と四つの主要空港、そして数カ所の大型発電所に異常なまでに依存している。それらを麻痺させるのに必要なミサイル数が四十五基であろうが四百五十基であろうが、中国はすぐにでも用意できるだろう。あるいは、すでに用意しているかもしれない。

もし中国の新しいミサイル誘導システムが宣伝どおりに機能すれば、民間人の犠牲者を軽微に抑え得るし、アメリカの強力な報復攻撃を受ける可能性も減るだろう。同時に、中国がアメリカの動きを封じ込めようとする可能性も出てくる。長距離ミサイルを脅しの武器にして、一九九六年と同様、台北を防衛するためにロサンゼルスを犠牲にする覚悟はあるか、とアメリカに問いかけるのだ（中国は自国ミサイルの性能を証明しようとし、おそらくロスっ子は、サンタカタリナ島沖合いにミサイルの水しぶきが上がるのを確認する目撃者にされるのだ）。

冷酷さほど効果的に力の差を縮めるものはない。アメリカがミサイル技術や弾頭の数でどれほど中国を上回っていても、中国は二つの重要な点でアメリカを凌いでいる。それは、「戦争による犠牲者が出ても耐えること」と「敵は民間人と軍人の区別なく全滅させる姿勢」だ。

タイミングはどうだろうか。中国が台湾を攻撃する可能性は、国内不安が増すほどに高まる。景気全体の後退（例えば一九九八年から九九年の中国経済の停滞局面）や、経営効率が悪化した国有企業による大規模なレイオフ、法輪功に対する絶え間ない弾圧など、あらゆることがその引き金になる可能性がある。

だが、中国がどのようなときに攻撃的な姿勢に転じるかを最近の例から見てみれば、中国の実際の軍事行動は、合理的な予測の域を超えた地点から起こされるようだ。一九六一年から六二年にかけて起こった中印戦争は、国民の気持ちを空腹からそらすためだったということで、ある程度説明できる。インド侵攻当時、中国は壊滅的な飢饉に見舞われており、最終的な死者は約四千万人に上った。一九七九年初めのベトナム侵攻も、当時の困難な政権移行期に、鄧小平の支配力を強めるために行なったという仮説が立てられる。だが一九九六年に中国が台湾を武力で威嚇したとき、中国国内は経済的にも政治的にも比較的安定していた。これをどう説明すればよいのだろう。

タイミングの予測はできない。中国の指導者たちの行為は、歴史的な遺恨を晴らすための、いわば政略のようなものだからだ。政治家も、軍のトップも、いまだに百年以上も昔に被った侮辱を忘れていない。だから口実があれば何でも利用して、その恨みを多少とも晴らそうとするだろう。国民にも、全人代のような機関にも、突然の気まぐれとも思える行動を抑止する機能はない。むしろ、上層部にも庶民にも共通する熱烈な愛国心が、好戦的な言動へと常に中国を駆り立てるのだ。

一九九九年七月、台湾の李登輝総統が、台湾と中華人民共和国との交渉は、双方が基本的に「国と国」の関係にあることを前提に進めるべきだと発言すると、共産党機関紙『人民日報』は激怒した。李総統が、ただ単に台湾政府の従来の見解どおり、仮に多少激しい表現であっても、二つの政府の代表が直接交渉すべきだと言えば何の問題にもならなかったはずだ。北京政府はあくまで国共内戦当時と同じく、同じ国の「政党と政党」としての交渉を要求している。

当然、北京政府は李登輝を「裏切り者」と呼び、その発言を「危険極まりない方向に進みだした」と非難した。

二〇〇〇年三月、台湾総統選挙の数週間前には中国の表現はさらに鋭くなった。そのころ刊行された『防衛白書』には、共産党が長年使い慣れてきた武力行使の脅し文句があからさまに繰り返されていた。「台湾当局者が……台湾海峡両岸の再統一を交渉によって平和裡に実現させることを拒否するならば、中国政府は武力行使を含む思い切った解決策を取らざるを得ない」。言葉による脅しの典型例だが、これが攻撃的な行動に弾みをつけることにもなる。中国は、言葉が行動を生み出す世界に生きているのだ。

だが、この脅しでは中国が狙った効果は得られなかった。中国と違って、有権者が最終的に「台湾の為政者」を選定する台湾では、現状維持を訴えた政権政党、国民党の候補者は選ばれず、台湾独立志向の野党、民進党の陳水扁《ちんすいへん》が総統に指名された。そして、与党となった民進党は二〇〇一年、台湾立法院（国会に相当）でも多数党となった。

胡錦涛ら「第四世代」指導者たちは、陳水扁を軽く見ていたようだ。新体制序列六位の曾慶紅《そうけいこう》は、陳を評して「権力は手にしたが、その使い方については何の見識もない。政治家としてはたいした手腕を持っていない人間だ。台湾人がただある種の気分で一時的に彼を支持するにしても、（そうした気分に何かしらの意義を見出せと言うなら）その気分を長い間保つ必要がある」と皮肉っている。

有権者に向き合った経験のない共産党の政治家が、劇的な状況で選出された陳水扁を語って発したこの言葉には、民主主義の手続きやそこから生まれる指導者への根深い軽蔑心が表われている。陳水扁が投票用紙の数ではなく、武力で権力の座に就いていたら、曾慶紅が陳水扁を見る目にももっと敬意が込められたに違いない。胡錦涛の反応もそっけないもので、「陳水扁政権は長く持たないだろう」とだけ述べた。死ぬまで独裁者でいるつもりの人間から見れば、選挙で選ばれた指導者には任期があるので、当然そう思える。前出のネイサンとジリーは、「中国新政権は総じて、中国からの独立を望む声が台湾一般大衆から上がれば、それは、台湾問題に関する彼ら（=台湾一般大衆）の『陰謀』と『干渉』の表面化したものと見なす」と述べている。おそらく陳水扁の総統当選も、そうした声の上がった一例だと言いだす指導者もいよう。

総統に選ばれた陳水扁は、一方的な独立宣言や、独立問題についての国民投票はしないという公約を守っていた。だが中国は、さらに三年間にわたって武力行使をちらつかせ、台湾対岸へのミサイル配備を行なった。これに業を煮やした陳水扁総統はついに、二〇〇三年十一月、「防衛に関する国民投票」を行なうと発表した。台湾の有権者は、二〇〇四年三月二十日に投票を行ない、中華人民共和国が軍備増強を継続することに賛成か反対か、中国が配備しているミサイルを撤収し、台湾に武力を行使しないと誓うのを望むかどうかの意思表示をするよう求められたのだ。台湾有権者の反応はおおむね鈍かった。投票結果など、わざわざ見るまでもないからだ。いきなり攻撃されることを恐れながらの暮らしは終わりにしたいのが、あたりまえなのだ。

一方、陳水扁のこの提案に対する中華人民共和国の反応は、激怒そのものだった。人民解放軍の将軍たちは、国民投票提案を（実際にはまったくそんなことはないのだが）独立への一方的な動きと捉え、もし台湾がこの投票を実施すれば、台湾は「戦争の奈落の底」に落ちるとほのめかした。二〇〇二年に政治局員になった曹剛川上将は、強硬に電撃作戦を要求したと伝えられている。

曹上将は、周到に計画したハイテク奇襲作戦による攻撃で、台湾の防衛ラインは簡単に破れると信じている。通常は穏健派の温家宝首相も、「中華人民共和国は、母国の統一を守るためならどんな代償も払う覚悟である」と息巻いた。これは、台湾海峡両岸を分断するさまざまな問題を平和的に解決するつもりの政権が口外すべき言葉ではない。十一月二十八日付『ワシントンポスト』の社説は、「中国旧指導部の好戦性は、そのまま新指導部に受け継がれた。繁栄の道をたどる隣国の民主国家、台湾に対する政策の中心には、戦争と侵攻の脅威が据えられている」と述べている。

人民解放軍最高幹部による戦争の脅威誇示が気がかりなのは、軍部の従来での対台湾政策に与えてきた影響力である。一九九五、九六年の台湾ミサイル危機は、現在の軍上層部が当時の江沢民主席に実行を迫ったものだと言われている。江沢民は露骨な台湾脅迫にはあまり乗り気ではなかったが、軍部があくまで実行すべきと主張したというのだ。半世紀以上も昔のことを今に引きずり、台湾国民党への完璧な復讐を悲願とする軍人が、ミサイル発射ボタンに指をかけていると考えるのは気持ちのよいものではない。これは何の慰めにもならないが、江沢民が軍部提案に同意したのは本心だった可能性もある。そして実際にミサイルが発射された後も、中国国内からの抗議は起こらなかった。国民も納得しているのだ。残念ながら中国国民は、指導者の覇権追求を支持している、と思い知らされた。

経済ではなく戦略目的での領有権主張

スプラトリー（南沙）諸島とパラセル（西沙）諸島は、ほとんど島とは呼べない。どちらも二、三十個の岩が海面に顔を出しているのみで、しかも、その多くは満潮時になると海面下に沈んでしまう。水源はなく昔からずっと無人島だった。陸地はほとんどないに等しいが、島々が点在する領域の広さがそれを十分補っている。パラセル諸島は中国、ベトナム、フィリピンから等距離に位置し、数百キロにわたって広がっている。その八百キロ南にあるスプラトリー諸島は、ベトナム、マレーシア、フィリピンに囲まれた広い海域に、パラセル諸島をさらに数百キロ広げた範囲で点在する。

中国は、この二諸島領有のために、他の国々の領有権の主張は無視するなど強引な姿勢を取り続けている。アメリカのダナ・ローラバッハー下院議員は、共和党院内総務に提出した一九九八年十二月十五日付の報告書で、「スプラトリー諸島に配置された中国の海軍基地は、エネルギー資源の豊富な島々を取り囲もうとする戦略と、マラッカ海峡と台湾海峡とを結ぶ戦略上重要な航路に沿って軍事力を誇示する意図を表わすものだ」と述べている。中国の基地は、これまでに十一カ所ほどが確認されている。

一般的には、中国の領有権主張は経済的な理由によるものと解釈されている。確かに、中国国内のエネルギー需要はすでに天井知らずとなっており、国内資源は逼迫している。一方、南シナ海の大陸棚には巨大な油田と天然ガス田があるとされる。しかし、それだけの理由で南シナ海を中国の領海にしようとしているのではなく、そこには戦略的目的もある。マラッカ海峡は、太平洋とインド洋を結ぶ海上交通の要衝となっているのだ。日本、台湾、韓国の経済を支える原油の七十パーセントが、生命線とも言えるこの航路を通っている。また、アメリカが、アジアや中東で起こる危機に即応するためには、マラッカ海峡を自由に通行できることが不可欠だ。

中国は、スプラトリー諸島のミスチーフ環礁やその他の島々に基地を建設している。中国空軍、海軍、海軍陸戦部隊は、これらの基地を拠点にして、航行する船舶だけでなく、アメリカの同盟国であるフィリピン、ブルネイ、タイなど、南シナ海沿岸諸国すべてを攻撃することができる。これらの国のなかには、中国の軍事プレゼンスに影響されて、アメリカとの距離を保とうとする国も出てくるだろう。

今や、インドシナ半島は、ミャンマーに置かれた中国の情報収集拠点や海軍基地と、南シナ海で増強される中国軍の両面から圧力を受ける状況にあるのだ。

●——あくなき領土拡大が「中国人の責務」

ひとたび中国が台湾と南シナ海との支配権を確立すれば、その激しい動きもおさまるかもしれない。あるいは、かつての中華帝国のように、ついに我がものとした経済、軍事両面の影響力を活用し、アジアでの覇権拡大を加速させようとする可能性もある。

中国の「門戸開放」政策は、中国の国内経済を急速に成長させただけでなく、中国経済と東アジアや東南アジアのほとんどの国の経済とを結びつけた。これが最終的にどのような影響を持つかは、今後の評価を待たねばならない。いずれにせよ、経済的な相互依存が高まれば、中国の戦略上、アジアの安定を維持することが重要になるのは確かだ。しかし、同時にそれは、アジア各国政府の中国への友好政策の確保と、少数派民族ながら東南アジアの経済全体をほぼ握っている華僑の保護とが、中国にとってますます重要になってくるということも意味している。

地政学的に見て特に重要と思われる中国の財産としては、まず六千万にのぼる裕福な華僑を挙げるべきだろう。彼らは十を超えるアジア諸国の経済の中核を担っている。この「僑胞」は、それぞれが定住した国でいずれも目覚ましい成功をおさめたが、なかでも有名なのがシンガポール、マレーシア、タイ、フィリピン、インドネシアの僑胞だ。いささか古いデータだが、東南アジア地域に限った主な華僑系企業五百社の一九九四年度の資産総額は五千四百億ドルだった。六千万人の僑胞の総所得は五千〜六千億ドルと、中華人民共和国の当時のＧＤＰとほぼ同額になる。

このように裕福な僑胞が多数集まった居住地域は、ミャンマー、ネパール、中央アジア諸国、モンゴル、シベリアなど、中国周辺のあらゆる国に見られる。復活した中国の地位は僑胞の誇りとなり、中国経済の成長は彼らに恩恵をもたらす。そして、途切れることなく続く中国からの同胞の移民は、僑胞の中国民族としての自覚を保たせ、常に好意的な眼差しを中国政府に向けさせることになる。

ヨーロッパやそこから世界中に派生した国々は、歴史の波間のなかで領土拡大には興味を失ってしまった。だが中国では、国境をめぐる他国との争いが、いまだに外交政策の中心に置かれている。中国はいつも、現国境線で、清朝最盛期の国境線と一致していないところはどこか、と考える。つまるところ、アジアの覇権を再び確立しようという中国の試みは、とりわけ、中国の北と東で国境線をどう引き直すかの問題に帰着するのかもしれない。

中国政府が周辺国の国内問題に干渉するとき、それを理論的に正当化するのは、中国独自の絶対的優位性である。それと表裏一体の関係にあるのが、中国が周囲の劣等民族に対して抱く特異な責任感だ。

中国人には今日でも、自己の優位性に対する異常なまでの思い入れがある。例えばチベット人について言えば、江沢民は、中国の統治によって社会的、文化的な恩恵がもたらされたと吹聴している。これは、植民地の文明化という、大英帝国が果たした使命を高らかに謳《うた》いあげたラドヤード・キプリングの詩、『白人の責務』〔訳注：キプリングが一八九九年に発表した詩の題名。未発展の有色人種を白人が指導すべきだという内容〕のように聞こえる。そして、それにはそれなりの理由があるのだ。欧米では、十九世紀末の「白人の責務」という概念は今ではまったく聞かれなくなり、むしろ恥ずべき考え方だとさえ思われるようになった。一方、中国では、二十一世紀になった今でも、「中国人の責務」は周辺民族の幸せを見守ることだという考え方が広く受け入れられている。つまり、こうした心情は、欧米人には非常に時代錯誤に思われるのだが、中国人には、いまだに彼らの精神を奮い立たせるのだ。したがって、この感情を活かすのは容易であり、中国政府が拡大主義の正当化に利用するのも可能になる。

●シベリア強奪も現実的な視野に

さまざまな会見の場で、中国最高指導者は、国境を接する国々に対して保護者のような態度を示す。ただし、(現在のところ)ロシアはその例外になっている。中国とロシアとの間では、領土が大きく変わる可能性があるからだ。

ロシアは一八九八年以来、沿海州を統治しているし、それよりも古くからアジアに属するその他の地域を領有している。だからといって、それらの地域に対する中国の野心が萎むわけではない。台湾ですら、中国が支配していたのは過去百五年間のうちわずか五年間（一九四五〜四九年）だけだ。そんなわずかな時間でも中国政府が領有権を主張するのに十分な根拠となるなら、ロシアの沿海地方やシベリアの一部、モンゴル、中央アジアの一部といった、十九世紀以降に失われた他の地域も、当然、中国の領土だと主張できるわけだ。

ロシア極東部の版図が最大になったのは第二次世界大戦直後、ソ連軍が満州と内モンゴルを占領したときだ。その後、毛沢東の強硬な訴えによって国境線は戦前の状態に戻ったが、当時のソ連がシベリアを手放すことは一九九〇年まで見込めなかった。だが一九九一年、ソビエト連邦崩壊とともに、シベリアは、ヨーロッパに近いロシアの中心部からは遠く離れた存在になった。シベリアはカナダとほぼ同じ面積を持つが、バイカル湖から太平洋岸に至るまでの帯状のこの広大な地域には、わずか八百万人の高齢者がいるだけだ。その人口も、死亡したり、この土地を離れたりして、年々減りつつある。そして、このほとんど無人の広大な土地の南側には、十三億人の中国人が待っている。

一九八〇年代には、中国と旧ソ連との関係は良好だったため、活発な交換取引が行なわれていた。シベリアの資源が南に運ばれ、引き換えに中国製の日用品がシベリアに送られた。ところが、九〇年代になってソ連時代の国境警備体制が崩れると、品物に加えて人間もシベリアに流入するようになった。中ロ国境は今や穴だらけとなり、毎年五十万人に及ぶ中国人がロシアに入国し、沿海州やシベリア各地で商売を始めている。こうした中国人は家族を帯同しており、自分たちで形成したチャイナタウンに住み着いている。この地域で生活を営む中国人の数は、すでに五百万人規模に達している。中国人の数がロシア人の数を上回るのは、もはや時間の問題だ。

一九九五年、ロシアのパーベル・グラチョーフ国防相は、「中国人は、ロシア極東部を武力を使わない平和的手段で征服しようとしている」と警告している。ロシアは不法移民の入国に抗議はしても、今のところ、こうした移民の流入を止めようとはしていない。まして、すでにシベリアに住み着いている中国人の国外退去のような措置はまったく取っていない。

ロシア当局は、押し寄せる中国人移民の波を警戒しているが、中国政府は密かに雀躍し、奨励さえしている。国外に人が出て行けば、失業問題が緩和され、貿易も活発になる。さらに重要なのは、かつて中国が支配していた領土を、自国領土としてより強く主張できるという点である。

中国の指導層は、百年前にムラビヨフ（＝ロシアの政治家。シベリア総督）が詐欺行為と偽造地図とによってウスリー川以東の土地を騙し取ったことを、いまだに忘れてはいない。また、それよりさらに昔、満州とモンゴル以北の何十万平方キロメートルもの土地を譲渡させられた条約のことも忘れてはいない。

ロシア人がシベリアの中心部を完全に征服したのは一七九〇年だが、これは中国人にとってはつい最近のことで、しかも白紙に戻せないことではない。実際、中国の盛衰史を見れば、中国がこの土地を取り戻すのは確実だと思えるだろう。ロシア研究家でもある米国議会図書館長ジェイムズ・ビリントンは、最近の中国の失地回復要求、エネルギー需要の高まり、ロシア東部の中国人出稼ぎ労働者の存在を考えれば、「この十年から十五年の間に、中国がシベリア奪還を目指して行動を起こす可能性がある」と述べている。

ロシアの軍事力は、中国が真っ向から挑むには依然として強力すぎるが、もしそれがさらに弱体化するようなことがあれば、中国は、ロシア沿海州との貿易依存度を高めようとするだろう。そして、中国の後押しがあれば、この地域がモスクワの統制を離れ、急激な事態の変化なしに、しかも一発の銃弾も使わずに、中国政府の影響下に入ることもあり得る。国境を開放し、密かに（すでに始まっている）中国人の移住を奨励するだけで、あとは成り行きに任せればよい。一世代でロシア人はごく少数派になり、多数派になった中国人が母国との統一を望めば、それに抵抗することはできないだろう。八百万平方キロメートル近いアジア大陸北東部は、中国のものになる可能性があるのだ。

●――モンゴルと中央アジア諸国の憂鬱

中国とロシアとに挟まれたモンゴルは、一九二一年、ソ連がモンゴル人民共和国を傀儡国として建国するまで、長らく中国の領土だった。数百年間モンゴルを支配した歴史を持つ中国は、その領土権を再び主張することに何の躊躇もあるまい。

シベリア同様、中国とモンゴルの国境をはさんでの経済的な結びつきは随所で発生しており、逆にモンゴル－ロシア貿易は縮小している。移民の状況も同じで、ウランバートルを始めとする都市部では、中国商人のコミュニティーが拡大し、繁栄している。ロシア経済の停滞がこのまま続けば、モンゴルは経済的に中国依存国となるだろう。

一九五〇年、中国政府がモンゴル独立を認めたのは、ソ連の強い求めに仕方なく応じたものだ。実際の再統一はともかく、中国が近々、モンゴルに関税同盟の締結を提案する可能性はある。仮にロシアの中央政権が崩壊するようなことがあれば、ほぼ間違いなく、中国政府がモンゴルの領有権を精力的に主張するようになるだろう。

中央アジアの各共和国が一九九〇年代初めにソ連から独立したとき、中国がまず行なったのは、この状態を永久に保つよう慎重に画策することだった。一九九六年四月、中国は、カザフスタン、キルギスタン、タジキスタン、ロシアの四カ国との間に、国境地帯における軍事分野での信頼強化に関する協定（五カ国上海協定）を結んだ。江沢民主席はその三カ月後にカザフスタンを公式訪問し、中国が「独立と主権、そして領土の統一を守るカザフスタンの努力」を支援すると確約した。中国にしてみれば、カザフスタンの大部分はロシア皇帝に奪い取られたものだ。したがって、中央アジア諸国の独立支援を確約するのは、ロシアのこの地域への支配権再要求を予防するためであって、自らの領土における野心を永久に放棄したためとは到底思えない。

中国は、中央アジアのこれらの国々が持つ豊富なエネルギー資源に関心を持っている。中国貿易商もこの地域の都市に進出し、消費財の主な供給源の役割を果たしている。ロシアの衰退が続けば、中国がこの地域を自らの影響下に置こうと努め、中国色をますます強化するだろう。そうなった段階では、中国とカザフスタンとの間に国境問題が浮上してくる可能性がある。

中国政府の構想の実現を妨げる新たな問題は、中央アジアでのアメリカのプレゼンスが、軍事面を含めて著しく増大したことだ。だが、どれほど長い時間がかかったとしても、いつかはアフガニスタンの安定化が達成され、アメリカ軍は撤退する。そのとき、中国には再び絶好の機会が訪れるだろう。

朝鮮半島が左右するアジアの覇権

朝鮮半島は、中国、ロシア、日本の間にあって、東アジア支配のための鍵となる戦略的位置を占める。北朝鮮は強硬なスターリン主義国家で、百万規模の軍隊を持ち、中国とソ連の関係が冷え切っていた時期には、その中ソ関係を利用した機敏な動きを見せた。ソ連崩壊後、ロシア国内が混乱したため、北朝鮮の目は基本的には中国に向けられている。九〇年代末の北朝鮮の食糧難は、中国が列車で供給した穀物と石油との支援がなければ、もっと悲惨なことになっていただろう。もし中国からミサイル技術の援助を受けていなければ、これほど早い時期にノドン・ミサイルを現在の精度に持ち上げることはできなかっただろう。中国がロシアの沿海地方を取り戻すことにでもなれば、北朝鮮にはロシア利用という選択肢がなくなり、完全に中国の進貢国となる可能性がある。

もし金正日《キムジョンイル》体制が倒れれば、中国が北朝鮮に軍隊を送り込むことも考えられる。その場合、傀儡政権樹立の可能性もあるが、もう一つ、進駐した中国軍を交渉材料に、南北朝鮮の統一を促す条件提示の可能性もある。その条件としては、米軍の朝鮮半島からの完全撤退、米韓安全保障条約の廃棄、新国家による非同盟宣言などが予想される。韓国は米軍が撤退しさえすれば事実上の中立国となり、その後も徐々に姿を変え、やがては昔からの中国進貢国になることもあり得るのだ。

その他の条件下でも米軍の韓国撤退の可能性はある。それは、アメリカが昔の孤立主義に戻る場合、米軍予算の逼迫、韓国の民族意識の高まりなどだが、その場合にも、中国と韓国とはおそらく和解するだろう。韓国人には激しい反日感情があるので、韓国と日本が歩調を合わせて中国に効果的に対処するとは考えられない。この地域で日本が果たす役割は大きく後退し、東アジアにおけるアメリカの立場も希薄なものになるだろう。もし朝鮮半島全体が中国の支配下に入れば、アジアの覇権は中国の手の届くところとなる。

中国シフトを開始した東南アジア諸国

地図上で、中国下腹部にぶら下がっているように見える東南アジアは、古くから繰り返し、中国の支配を受けてきた。しかも現在、この地域への中国の影響は急速に拡大している。ミャンマーやラオス、カンボジアは、中国の指導的立場をすでに認めている。伝統的に確執のあったベトナムだけは今も中国の武力行使に悩み続けているが、それを除けば、この地域全体の国に対する中国の影響力は強まりつつある。こうした動きを加速させる背景には、多数の華僑、経済的な利害の一致、アジアが共有する文化的な特性がある。

なかでも中国との関係が特に密接なのはミャンマーだろう。中国はミャンマーの軍事独裁政権に惜しみなく武器を供与し、財政援助を与え、そして国際社会ではミャンマーを擁護する立場にある。ミャンマーは見返りに、沖合いの島々での中国の港湾施設運用、インド洋の島での情報収集用軍事基地の設置を無償で認めている。中国はミャンマーを足掛かりに、インド洋における海軍のプレゼンス維持と同時に、東南アジア全体はもちろんのこと、特にマラッカ海峡に対する戦略的影響力の行使ができる。さらに中国政府とミャンマー政府とが手を結べば、中国と二つの同盟国、パキスタンとミャンマーでインドを包囲することになり、南アジアの覇権を狙うインドの野望を効果的にくじくことができる。

インド海軍のマドハベンドラ・シン司令長官は、中国海軍のこの二国との「密接な協力関係」に対し、正式な抗議申し入れを行なっている。シン長官は、中国によるパキスタンのグワダル港の開発援助がインドの重要航路への脅威となり、さらには中国がミャンマーの海軍基地の近代化を支援すれば、そこが中国潜水艦隊の作戦を支援する基地になりかねないと非難している。

華僑の影響がとりわけ顕著なのはマレーシアだ。ここでは中国系住民が人口の約三分の一を占め、おそらく経済の三分の二を中国系が握っている。

マレーシアのマハティール元首相は、東南アジアの指導者のなかでもミャンマーの暫定軍事政権に次ぐ親中派であり、当然ながら最も反米的な指導者だった。一九九六年五月、東京で開かれたアジアの安全保障に関する国際会議（『国際交流会議〜アジアの未来〜』日本経済新聞社主催）でマハティールが示した立場は、まさに中国の立場そのものだった。日米安全保障条約の必要性に公然と異議を唱え、この同盟が共通の敵と見なす国の明示を要求したのだ。マレーシアはどの国とも同盟を結ばないと主張しているが、マハティール自身は、自国の運命を中国に託していたと思われる。

シンガポールも中国との関係を深めている。アメリカ艦隊の寄港は今でも歓迎を受けているが、この都市国家の経済と政治を動かしているのは華僑で、中国におもねる動きが次第に目立つようになってきている。シンガポールは以前から、相当数にのぼる中国からの裕福な移民を受け入れてきた。移民は中国では非居住者として扱われるため、シンガポール華僑が中国へ進出する際には、中国政府が「外国人」投資家に与えている五年または十年間の免税措置を受けることができる。

タイでは経済の七十五パーセントを華僑が握っている。この国でもやはり、中国寄りの姿勢が目立つ。チャワリット・ヨンチャイユット首相が一九九七年に北京を訪問した目的は、「大中華」との強固な戦略同盟を結ぶためだと伝えられている。タイ指導部は、「中国を、世界で果たすべき役割を持つ超大国と認め」、タイが「中国とASEANの橋渡し」を務めることを願っていると言われている。タイの華僑は、タイ人との同化が進んでいる（中国人でもタイ語の名前を持っている人がほとんどだ）が、新たな中国人移民が華僑社会と祖国を改めて結びつけている。今のところ、アメリカのラジオ放送「ボイス・オヴ・アメリカ」がタイから中国本土に向けて発信されているし、米軍海兵隊がタイ軍と毎年コブラ・ゴールド演習を行なうなど、タイとアメリカとの同盟関係は続いている。だが、タイ政府が中国政府の機嫌を損ねないようにと、年々神経質になっているのも確かだ。

●——完璧なアジア支配に向けての近未来構想

中国は、どのような「世界覇権国」となるのだろうか。東アジア大陸全土を統一し、アメリカがアジアに置く駐留基地から軍を追い出すよう、残りのアメリカ同盟国の中立化を図るのかもしれない。フィリピンとインドネシアを勢力下におさめれば、東南アジア支配は完璧となる。さらに遠くまで手を伸ばすため、一時的にロシアか日本との同盟を求めるかもしれない。それによって、残りの諸国を中立国に変えようとするだろう。インドが中立化したら、次は中東とアフリカだ。最盛期のソ連のように、南北アメリカ大陸に衛星国すら求めるかもしれない。

《フィリピン》

フィリピンでは、華僑は人口のわずか二パーセントしかいない。しかし、経済のおよそ半分は彼らが掌握している。しかも中国からの移民が増加中だ。フィリピン政府も、中国の行動を表立って批判することには次第に消極的になってきている。人民解放軍がフィリピン沖のミスチーフ環礁に軍事基地を建設しても、抗議の声はほとんど聞かれなかった。逆に、一九九九年七月、フィリピン巡視艇が衝突事故で中国漁船を沈めると、フィリピン政府は直ちに中国に謝罪した。中国遠洋艦隊が南シナ海を席巻し、沖合いわずか数百キロに中国の空軍基地があっては、フィリピン政府も、中国の力を認めて新しい現実に適応せざるを得ないだろう。

《インドネシア》

インドネシアはかつて中華帝国の勢力下に入ったことは一度もない。だがついに、そうなるのではないかとの懸念を抱えている。中国系住民の人口は全体のおよそ二パーセントだが、経済の九十パーセントは華僑の手にある。その華僑経済と中国の経済とはかなり深くつながっている。これを警戒する人々も出てきた。サイディマン・スリョハディプロジョ元駐日大使は、「この一帯への中国の経済介入」は地元華僑の支持を得ており、やがてはそれが中国の「傀儡政権」誕生につながる可能性すらある、と警告している。中国の経済力と海軍力が増大し続ければ、インドネシアが中国のこの地域一体の支配を容認することになる可能性がある。

《インド》

インドにとって、「万里の長城」はまったく必要のないものだった。北からの侵入路が世界で最も高い山々に守られているからだ。帝国拡張期、中国軍は北へ西へと進軍し、満州、モンゴル、中央アジア草原で遊牧民と、あるいは南へ下って南方部族と戦った。しかし、インドには手が出なかったので、インドが中国の支配を受けることはなかった。中国に朝貢することすらなかったのだ。

だが、現在、インドと中国の関係は地理的条件だけで都合よく決まるものではなくなっている。一九六二年、中国軍は、かつてはほとんど通行不能な障壁とされていた山脈を越え、インドに侵攻した。現在では国境まで道路が何本も通り、パキスタンとミャンマーが、中国の同盟国として、東西からインドをがっちり挟み込んでいる。さらに中国海軍がミャンマーの新たな基地を作戦拠点として、インド洋上に新たな前線を展開した。一九九七年、アメリカのクリストファー・コックス下院議員がインドのグジュラール首相と会談したとき、グジュラール首相は、中国がインドに対して行なっていた「挟撃運動」に不満を漏らしている。同首相が特に非難したのは、「中国のチベットへの核配備、インド洋への中国潜水艦の進出、ミャンマーの事実上の人民解放軍駐屯地化、中国のパキスタンへの武器支援によるインド挑発」だった。

だが、中国がインドの領土を実際に狙っている兆候は見られない。一九九一年にはインドと平和条約を結び、三十年前の戦争の原因となった領土問題を中国に有利な条件で解決した。中国の狙いはインドの領土というよりも、一大勢力を築こうとするインドの野心の芽を摘むことのようだ。

米軍のアジア撤退で日中が同盟する可能性

ロシア民主化がなるかどうかは疑問だ。もしロシアの選挙で共産主義者や過激な民族主義者が政権を取るようなことがあれば、ロシアと中国との新たな連合への道が開ける。中国とロシアは、例えばNATO拡大のような、「覇権を求める」アメリカの政策にまったく同じ不満を抱いており、こうした不満が両国をすでに結束させている。中ロ両国は幅広い分野で軍事協力を行ない、世界を支配する超大国アメリカに肩を並べようとしている。だが今度ばかりは中国が連合の主導権を握るだろう。中国の経済基盤によって中ロ貿易が拡大するからだ。そこでは、中国からロシアへ消費財が輸出され、ロシアから中国へは原材料や工業製品が輸出されることになる。また、中ロ連合の戦略目標は、アメリカをアジアから放逐することだ。

中国と日本が連合する可能性はかなり低いが、あり得ないことではない。経済問題をめぐって日本とアメリカとの関係が悪化する一方で、日本製品の市場が中国で拡大すれば、日本がアメリカとの同盟を見直す可能性がある。アメリカが何らかのかたちで中国の「影響力が自然に及ぶ範囲」を認める意思表示を行ない、一方的に東アジアの前線から撤退した場合も、日本が自らの命運を中国に託すことが考えられる。

日本が中国と同盟すれば、権力構造はおそらく根本的に変わるだろう。日本と中国の連合は、世界第二位と第三位の経済大国の連合である。両国経済が共栄するなら、アメリカ経済に匹敵する規模となる。しかも、中国の天然資源、労働力と、日本の技術力、工業力、資本力との組み合わせという理想的な補完関係を享受できるのだ。

中国が日本を自らの意図に添わせるにはどうすべきなのだろうか。まず、日本、中国、台湾からほぼ等距離にある尖閣諸島（釣魚台）の領有権問題を解決する。これで両国間の不協和音の原因が一つ消える。中国は、日本製品に対してさらに自国市場を開放することもできるだろう。これは、日本の多国籍企業の間での、日中両国関係改善を願う「中国びいき」の圧力団体誕生につながる。もし中国が日中文化の類似性を強調すれば、第二次世界大戦中、日本が中国を侵略した記憶の重みは取り除かれ、両国が儒教文化の強い影響下の歴史を共有しているのだとの前向きな気運が高まるだろう。

けれども、このような連合が生まれる可能性は、実は非常に少ない。あるとすれば、アメリカがアジアから完全に撤退した場合だけだろう。その場合でも、日本が孤立感と不安から、中国に身を寄せるよりも、要塞志向に駆られて大規模な軍備増強に向かう可能性の方が高い。これは、中国が何としても避けたいと願う事態だ。

中ロ連合が成立した場合、中国政府は、軍事力を増強しないように日本に迫る一方で、中国市場の拡大・開放を条件として日本に中立化を強要する可能性がある。江沢民前主席は、訪中した日本の指導者たちを安心させようと、「中国は強大になっても他国を威嚇したりしない」との発言をしている。しかしこれは、中国政府が、かつての日本植民地で、現在も日本とのつながりが深い台湾を絶えず恫喝していることと矛盾する。中国政府はまた、日本における日米安保条約の評価を下げるために、アメリカのアジアにおける軍事力保持にも疑問を呈することだろう。

第六章

迷信に翻弄されるアメリカの対中政策

今日、経済大国となった中国にアメリカが人権を進講するのは軽率なことだ。十年後にはそれはお門違いだと言われ、二十年後には何かの冗談としか思われないだろう。

（リチャード・ニクソン元大統領、一九九四年）

中国に関しての迷信を検証する

「覇権国の役割」という概念は、中国の国家意識に深く刻み込まれ、中国の使命感に深くかかわっている。また、他の国に覇権を譲るまいとする決意は、ほかならぬアジアの覇権国だった帝政中国の歴史と、他の民族の文化に対する不変の優越感に強く根ざしている。

アメリカは中国の人権問題に触れるべきでないとしたニクソンにどういう自覚があったにせよ、道教ではそのような何もしない態度を「無為《ウーウエイ》」と言う。無為とは、文字通り意図的に何も為さないということだ。

ニクソン元大統領と同様に、中国に人権を説いても何も得られず失うことばかりだと主張する中国専門家は数多い。また、人権問題を取り上げると中国がいつも「過敏」に反応するので、人権保護を強く訴えることに二の足を踏む専門家も多い。こうした専門家は、彼我の道徳の相違を理由にして、明らかに時代逆行的な中国の政治的価値観や制度には目をつぶる。そしてこの種の問題では、常にアメリカが大きく譲歩することを求める。アメリカは、中国の態度がわずかでも変われればと期待するのだが、その期待は裏切られるのが常だ。

これまでアメリカ人にとって、中国は国家というよりは一つの「姿」だった。アメリカ人は、いつも自分たちの願望や想像で中国をイメージしてきたのだ。こうした幻想の虜《とりこ》となるにつれ、より厳しい現実に抵抗してきたといえる。あげくの果てに、今ではアメリカの干渉があろうとなかろうと、「中国国内で平和的革命を引き起こす力が解き放たれ、市場主義・民主主義が生まれるだろう」という幻想に浸っている。いろいろな政策議論の流れはあっても、帰結はただ一つ、アメリカは何もしない、つまり無為が最上の策だという結論に落ち着くのだ。

このような考え方に傾く要因は複雑に入り組んでいる。中国で事業展開するアメリカ企業は、アメリカが中国における人権尊重と民主主義とを助長しようとする場合、中国政府が報復措置に走り、そしてそれが結果的にアメリカ本社にまで害が及ぶのでは、と懸念している。外交官もそのような微妙な問題は避けたがる。中国外交部との不愉快な対決が待っているからだ。

外国政策分析に携わる専門家、特にソ連と中国の専門家のなかには、「中国カードはロシア(さらには日本)との交渉の材料として使い続けるのが望ましい」と考えて無為を支持する者もいれば、中国からの激しい反発を恐れる者もいる。中国に財産や時間を多く費やしたり、あるいは過剰な期待を寄せたりする者は、実のところ、中国の捕虜になったも同然の状況に置かれているのだ。そのため、「アメリカが中国を何とか変えようとさえしなければ中国は変わる」などと力説することになる。かくして、アメリカの対中国政策を左右する多くの「迷信」ができあがった。

迷信▼共産主義はもはや死に体で、中国にも民主主義の波が押し寄せてきている

このような迷信が生まれたのは、一九八〇年代後半に驚くべき事態が発生したためだ。この時期、世界中の共産主義が総崩れとなって退却したのではないかと思われた。ついに誰もが四十年間の冷戦に幕が降り、民主主義の時代が到来したと考えたのだ。

一九八九年四月十八日、中国各地でデモが始まった。胡耀邦元共産党総書記の死に触発されたデモだった。胡はこの三年前に、民主主義に対して寛容すぎるという理由で鄧小平らの長老によって解任されていた。いくつもの学生グループが、中国心臓部の象徴である天安門広場へと行進して集会を開き、汚職や官僚主義、独裁主義を非難する声を上げた。さらに労働者が加わり、反政府姿勢が明らかになると、『人民日報』は学生たちが「人民の精神を毒し、国内を混乱させ、国政の安定を脅かす陰謀」を実行に移したと決めつけた。五月二十日、戒厳令が敷かれると、百万人もの老若男女が抗議のために街に繰り出した。指導部はその抗議の規模に衝撃を受けた。中華人民共和国が建国されてから初めて、突然、どこからともなく自主的な大衆運動が起こったのだ。世界規模の民主化の波が中国にも到達し、共産党体制を覆す態勢が整ったかのように思われた。

対欧米開放政策を取っている間に民主主義的な考え方が中国に侵入し、その結果が誰の予想よりも早く現われようとしていたのだ。中国の人々は現在の共産党独裁政治を目前にして、その圧政に数十年間苦しめられてきたのを思い起こし、自らの要望を尊重する政府が出現すると期待した。また、六月四日に政府は新たに、さらに厳しい取り締まりを実施するが、それさえも、断末魔の竜の尾の一振りにすぎないと多く人が楽観視していた。

けれども、中国国内の反体制運動は一九九一年までに壊滅・収束してしまう。その後、勇敢にも個人で声を上げることが多少はあっても、組織的な抵抗運動はなく、また許されてもいない。一九九九年に起こった中国民主党結成の試みは、活動の中心となった王有才と徐文立にそれぞれ十一年と十三年の実刑判決が出て失敗に終わった。全国人民代表大会の議長を務めた李鵬は、現政権が新政党誕生を許容する余地はまったくないと明言している。ニューヨークに拠点を置く中国民主正義党は、中国国内に五千人の党員がいると主張していたが、その活動も姿も現在までまったく見られない。

今振り返れば、中国民主化を求める波が最高潮に達したのは一九八九年六月だった。デモを率いた学生たちは、文化大革命中に生まれ、中国共産党とその指導者を信じることなく成長し、アメリカ民主主義の理想に惹かれた世代だ。彼らは、鄧小平の西洋（つまりアメリカ）への開放政策を、崩壊寸前の経済と抑圧的な政治体制からの救済措置と捉えていた。

今の学生たちは、当時とはまったく異なる体験をしてきた世代だ。文化大革命終了後に生まれ、経済改革時代に成長した若者たちは、安定した政治と、二けた台の伸び率を記録する所得の増加を享受してきた。一方でこの世代は、祖国が西洋列強から受けた屈辱の歴史を教え込まれた愛国主義者だ。そして同時に大漢民族主義者でもあり、中華帝国のかつての栄光が心の奥深くに染み込んでいる。

こうした世代の若者は、「無秩序」が持つ危険性に警戒心を持ち、少なくとも今、現状を急激に変えることには反対している。ベオグラードの中国大使館誤爆事件後、群衆がアメリカ大使館の前に集まって怒り叫んでいたとき、中国での長いビジネス経験をもつアメリカ人は、私にこう嘆いた。「十年前、彼らは我々のものだったのだが、今や彼らのものになってしまった」。これは、中国共産党がナショナリズムを巧みに煽って、若者たちを再教育してしまったということを意味する。

迷信▼市場の影響力の増大と国際取引が、中国を市場主義・民主主義の国に生まれ変わらせるだろう

アメリカは当初から中国の経済改革を歓迎してきた。中国の人々が共産主義から解放されるのは喜ばしいことだった。例えば、一九八〇年から八一年にかけて、集団農業の廃止により、何千万人もの中国農民が赤貧状態から救われた。小規模事業家、商店主、流通業者の出現によって、都市部でも貧困層が減った。さらに、それとは別に、市場からの圧力が加わり、外国取引の急速な拡大によって、個人の自由や人権、そして民主主義政権を求める動きが至るところ

で起こるのではないか——。そうアメリカは期待した。その楽観的な見方の根底にあるのは、経済的な自由と政治的な自由は不可分だというアメリカの信念である。

天安門広場のデモが、この信念を実証するかに見えた。つまり、このデモが、自由主義を目指す学生が描く理想と、新たに出現した中間階層の実業家が描く理想とが将来、一致することを証明するかと思われたためだ。北京のコンピューター関連企業、四通集団公司の創設者の一人、万潤南や、ブティックを経営していた呂京花らも、広場を占拠する学生に食料や飲み物を提供するなどして支援した事業家だ。

暴動の制圧は世界中から一様に非難を浴びた。だが、この事件がどのような意味を持つかについては、アメリカ人のあいだでも意見が分かれる。中国は結局変わっていないのだから、貿易その他の制裁による圧力が必要だという意見もあれば、当時のジョージ・ブッシュ大統領のように、中国民主化の見通しを確実にするには引き続き経済改革が必要だとして、制裁に反対する意見もあった。

当時、アメリカ留学中の中国人学生がそのままアメリカに残ることを許可する法案に対して、大統領拒否権を発動する際にブッシュ大統領はこう書き残している。「中国指導部が述べているとおり、中国が六月三日まで実施していた改革政策を再開すると信じている。さらには、アメリカへの中国人入国者は、中国がそのような状況でも帰国を希望すると信じる」。

六月四日の政府による弾圧は、中国がより開かれた社会へと進む状況を表わすレーダー画面上に、一瞬現れた異状表示のようなもので、長期的に見れば、経済改革から生まれる人権尊重の要求に政府が抵抗することはできないだろうと考えていたのだ。

一九九〇年まで、中国の最恵国待遇（一九九八年以降は「正常通商関係」と呼ばれている）を取り消すかどうかについて、米中間で激しい論戦が続いていた。中国が最恵国待遇を受けられなければ対米輸出製品の平均関税率は四パーセントから四十パーセントに跳ね上がり、中国の輸出増は止まる。一方、海外に工場を建設しようとするアメリカ企業は中国以外の国に土地を求めることになる〔訳注：最恵国待遇とは、ある国に与えた関税や輸入手続きなど有利な通商条件を他の国にも同様に与えるルールで、世界貿易機関（WTO）の基本原則。WTO加盟国は互いに供与するが、米国はこれまで中国に対しては特例措置として毎年、議会審議を経て更新、米議会は中国の人権や台湾政策などを監視する手段にこれを利用してきた。中国側は恒久供与を強く要請し、一九九九年十一月のWTO加盟に関する米中合意では中国が一層の市場開放を約束する代わりに、米国は恒久的な最恵国待遇供与を言明した〕。

米中貿易全国委員会を始め、中国で活動するアメリカ企業団体は、最恵国待遇の取り消しはもちろん、何らかの制限実施にすら強硬に反対していた。対中国貿易が少しでも制約を受ければ、中国の経済改革に遅れが出たり、あるいは改革そのものを危うくする可能性がある。自由な市場がなければ、人権や民主主義どころではないというのだ。

自由な貿易による利点を最もはっきりと主張したのは、イースト・ゲート・インターナショナル〔訳注：中国で活動する超宗派のキリスト教団体〕のネッド・グレアムだろう。「アメリカと中国との経済的なつながりを拡大すれば、中国が国際法を遵守し、ルールに基づく貿易体制を尊重するようになる。また、中国の一般社会でも法による支配が進み、個人の自由が拡大するので、中国で活動する宗教団体にとっても都合が良い」。

だが、抑圧と資本主義との共存は十分可能だし、実例もある。南アフリカ共和国は市場主義経済の国であり、国際法も遵守すれば、ルールに基づく貿易体制も尊重している。だがその国で、何十年もの間アパルトヘイトを行なってきたではないか。アメリカ企業がサリバン原則〔訳注：アメリカの黒人公民権運動活動家レオン・サリバン師の提唱による、南アの米企業は雇用で人種差別をしないという原則〕に従って南アフリカの人権擁護を進めたことよりも、ネルソン・マンデラという男が始めた政治運動の方が、アパルトヘイトの終焉にはずっと大きな影響を与えた。だが中国に関係するアメリカ企業の最大関心事は昔も今も、中国権力者との良好な関係の維持である。そのため、これらのアメリカ企業は一九九四年、クリントン政権がサリバン原則と同等の規範を設定して中国の人権尊重促進を呼びかけると、これに強く反発して失敗に終わらせたのだ。

政治的な自由がなければ経済的な自由が維持されないのは明らかだが、その逆、つまり、経済的な自由が政治的な自由を保証するかどうかは定かでない。特にアジアではその傾向が強い。シンガポール、インドネシア、マレーシア三国は、アジアでも最も民主化の進んでいない国だが、一般的に市場主義経済と呼べる経済体制を維持している。また中国では、二十年以上にわたって経済改革が進められた現在でも、反体制派の重要人物は刑務所に収監されているか、国外に追放されている。

アジアでは多くの国の経済が、少数の政財界有力者によって支配されている。彼らが得意とするのはインサイダー取引や談合だ。「縁故資本主義」はその名のとおり、政財界の癒着を生み、国家経済の主要分野の発展を妨げる。スハルト・ファミリーはインドネシアの縁故資本家連合の中心に長いあいだ居座わり、実業界に持つコネを利用して莫大な利益を上げた。彼らの最も重要な利益供与者となったのは、国内の主要な複合企業百四十社のうちの百社を支配していた「華僑」である。

けれども、中国支配者階級の手による現在の経済運営は、縁故資本主義という言葉にはおさまりきらない。今、中国で最も成功している事業家は、中華人民共和国建国に功績のあった指導者や、国共内戦で人民解放軍を勝利に導いた政治家や軍人の縁者だ。彼らは「太子党」と呼ばれ、政治指導者との血縁や姻戚関係を巧みに利用してきた。外国の大口投資家と中国政府との重要な仲介役を務めている者も多い。家族のつながりを利用して、原材料の安定供給を確保し、円滑な工場経営に協力してその見返りを得るプロのフィクサーたちだ。こうして政治的影響力は姿を変え、一族の富の源となる。

古来、中国上流階級は、息子の一人に農園を経営させ、もう一人の息子には家業を継がせ、三人目の息子は政府の高官にすることで家を栄えさせようとした。それぞれの息子が、それぞれの場所から協力し合うことで、一族の資産を殖やすことができるからだ。この戦略の現代版では、政府の高地位にある父親が、ビジネスチャンスを追求する息子に、密かに庇護と援助を与えるという図式となっている。

中国の経済成長をこの二十年間支えてきた地方の企業でさえ、経営者は地元の共産党幹部とその縁者たちであって、ビル・ゲイツのような起業家ではない。中国経済は、縁故資本主義に蝕まれているだけでなく、末期的症状を示すクレプトクラシー（窃盗主義）に冒されているのだ。中国が誇る「私営企業」の大部分は、共産党幹部の直接的または間接的な支配下にある。

新しく誕生した中国資本家階級の多くは、古参の共産党指導者の血族だ。江沢民が二〇〇一年七月、起業家（つまり資本家）の入党を提案した際に長老たちがまったく反対しなかった理由はここにある。皆、家族のなかに実業家がいたからだ。

それだけではない。多くの党幹部は、自らの政治力を利用して家族の起業を手助けしている。この意味で、中国の経済改革は、現在の権力者にハイジャックされてしまったと言える。だから市場主義・民主主義に対する中国首脳部の敵意は衰えることがないのだ。

胡錦涛の計画のなかには大胆な政治改革は含まれていない。胡錦涛その他の「第四世代」の指導者たちには、対立政党の結成を許すつもりも、一九八九年の天安門事件の頃に次々と組織されたような労働者や農民、学生の自主的な団体を認めるつもりも毛頭ない。中国の憲法で保障された結社の自由やデモを行なう権利を行使しようとする中国人は、今後も投獄されることを覚悟しなければならないのだ。

迷信▼アメリカ文化への傾倒が中国をアメリカのコピー国家に変える

ハリウッド・スタイルとも言われるアメリカ文化の物質的側面は、中国人にとっても魅力がある。だが、その他の奔放な快楽主義、セックスと暴力といった面はあまり好感を持たれていない。というよりは、むしろ嫌悪されている。アメリカのポップ・カルチャーが中国に広まっても、中国政治がアメリカ政治に近づいたわけではない。サミュエル・ハンチントンの言葉は端的でわかりやすい。「ビッグ・マックはマグナ・カルタではない」のである。

何万人もの中国人が留学生としてアメリカにやってくるが、その大半はアメリカにとどまって帰国しない。そのため、彼らが、母国で変化の仕掛人になることはほとんど期待できない。台湾の李登輝元総統はコーネル大学の博士号を持っているが、中華人民共和国の閣僚でアメリカの大学の学位を持っている者は皆無だ。

より高度の学位を取得して帰国する留学生も確かにいる。しかしそういう人は、例えば原子力工学のような専門技術を身につけているが、民主化へ関わろうとする姿勢はほとんど見せない。中国の軍産複合体企業には、アメリカで学んだ科学者がたくさんいる。彼らはコカコーラを飲み、マルボロを吸い、ケンタッキー・フライド・チキンを食べる。ただし、仕事では、アメリカから盗んできた設計図を基に、アメリカの都市を標的にする小型核弾頭の製造に励む。

欧米人は、「進歩」とは歴史の流れに沿う一本の「線」だと考えている。だから、中国人も一世代ごとに、前の世代よりさらに欧米的な考えと民主主義的な意識を持つようになると想像する。だが、中国人の歴史観は線ではなく「円」だ。四半世紀にわたって欧米と接してきても、毛沢東時代の、基本的に実利を重んじる社会観、政治観、文化観は変化していない。八〇年代、中国の若者はこぞってアメリカを称賛したが、それは理想主義からではなく実利主義からだ。そして、二十一世紀に入って独裁主義による支配を支持するのも、やはりイデオロギーからではなく実利主義からである。

鄧小平が欧米に門戸を開放したとき、その門の向こうにはアメリカの姿が見えていた。「世界でいちばん豊かで、最も進歩した国」、中国人は、すぐにこの民主主義超大国に夢中になった。多くの中国人が、市場主義と開かれた政治システムとを喜んで受け入れた。この二つがアメリカの強さの秘密だと見抜いたからだ。

八〇年代を通じて人々の生活水準は急速に向上し、新しく取り入れた思想が間違っていなかったことを裏づけているように見えた。一九八九年、天安門デモに参加した学生たちは、自らの進む方向が、中国を超大国に押し上げるために正しいと信じていた。だが前進は性急すぎた。彼らはモデルとしてアメリカを選んだ。彼らが望んだのは、より正確にアメリカを真似ることであって、社会の開放ではない。ただひたすら、中国が世界に君臨する至高の地位を取り戻すことを願っていたのだ。

この望みを粉砕したのは、天安門広場の大量殺戮だけではなく、ロシアや旧ソ連構成国で起こった経済崩壊と政治的混乱だった。中国共産党は、旧ソ連や東ヨーロッパの経済を崩壊させ、出口の見えない景気後退に追いやったのは欧米式の民主主義だと確信し、同じ轍《てつ》は踏まないと主張している。この十年あまり、農村部の選挙を監督してきた中国民政部の王振耀は、「ソビエト連邦では、いきなり共産党を倒して民営化に突き進んだ。一般社会の変化よりも、上層部の変化の方が先行し過ぎたのだ」と分析する。

中国経済の好調は、苛酷だが安定した独裁政権の下で実現した。そのため多くの人々が、この政権は正しいと信じている。経済を発展させて欧米に追いつくためには、国家の安定が欠かせない。独裁政権による支配は、その安定に欠かせないと考えられているのだ。

迷信▼通信革命とインターネットが中国を変える

「中国人は紙を発明した。だから、中国が再び世界有数の出版大国となるのは当然だ」。中国人はそう考えている。毛沢東の全盛期は、国内のすべての用紙が『毛沢東語録』印刷のために使われるような時代だったが、そのころと比べれば、中国社会は隔世の感がある。現在、文字どおり何千点もの書籍が毎年出版され、その他にも、何百種もの定期刊行物や新聞などの印刷物が一般向けに発行されている。

欧米から来た人間は、このおびただしい数の出版物には多様な政治見解が表明されているものと思う。だが、中国の人々は何を書き、何を読んでいるのか、この問いに答えるのはたいへん難しい。これほどたくさんの出版物があるのにほとんどが翻訳されないからだ。さらに、中国語の文章が難しいことは誰もが知っている。英語に翻訳されると、元の中国語が持っていた深みや響きは失われてしまう。それもまだましな方で、英語で読むと、どういう意味なのか欧米人の読者にはさっぱりわからないこともある。「毛沢東が秦の始皇帝よりも冷酷だ」、あるいは「妻の江青女史は漢の呂太后の上をいく策士だ」と書いてあったりする。それはどういう意味なのか。

「どんな言語でも、その言語が使われている文化、その言語で表現される文化を、意味の魔法の円がぐるりと取り巻いている」と言ったのは、言語学者のエドワード・サピアーだ。中国語の場合、周りを取り囲んでいるのはただの円ではない。その一語一語に歴史書や詩歌からの引用、中国文化特有の古めかしい慣例、政治的な隠喩などが込められているので、これを翻訳するのは、まるで万里の長城の石壁を一つひとつ解体するような作業となる。

中国研究家のジェレミー・バーメはこう述べている。「毛沢東の死後、国家的イデオロギーの解体が徐々に進み、芸術を支配するのは新しいスタイルのリーダー、共産党内部の専門家に変わってきた」。芸術表現自体は禁じられていないが、党が一般的と認めた政治的な境界線の内側にとどまるという条件付きだ。党に対する批判、党が支配のために利用している主な手段（人民解放軍と国家安全部）や党の中心となる政策（一人っ子政策など）に対する批判は、まったく許されない。過激なまでのナショナリズムの扇動は許されても、欧米風民主主義支持は認められない。

また、文筆活動を行なう者の自己規制によって、文化の正統性を守ろうとする国の負担をずいぶん軽減している面もある。『南方週末』というタブロイド紙の沈編集長は、「真実のニュースを伝えようと努力はしているが、常にプレッシャーを感じるし、他からの影響を完全に受けないでいるのは不可能だと思う」と述べている。

党が認める範囲を逸脱した出版社は、政府による営業停止処分を受けることになる。また、個々の書籍や雑誌の場合は発禁処分となる。おそらくこの方針は未来永劫変わらないだろう。しかし、実際にはこのような処分はめったに行なわれない。ほとんどの中国人作家の洗練された芸術的感性は、作品を書くことだけでなく、作品と作家自身を政治的なトラブルから遠ざけるために活用されているのだ。しかし、これは必ずしもお上《かみ》に気に入られようとしているわけではないが、現在の作家と国家との間にあるのは、敵対関係ではなく協力関係、または共生関係と言ってよい。

このように芸術家と国家精神との一体化から生まれてくる作品は、一昔前の中国文学の特徴だった社会主義リアリズム的な低級作品よりもずっと洗練されたものになっている。だが、国家が認めた型にはまっている点では以前と何ら変わりはない。無政府主義的作品は避けられるが、個人主義的なものは許容される。特に、実利的、あるいは起業家精神を発揚するような作品は善しとされる。例えば、一世を風靡《ふうび》した「厚黒」運動なるものがある。この運動によって中国のマキャベリ、李宗吾《りそうご》の著作を基にした文学作品が数多く生み出され、独立した一つのジャンルが創成された。李宗吾は『厚黒学――厚かましくかつ腹黒く生きよ』〔邦訳・徳間文庫〕

のなかでこう説いている。「我々は生まれながらに厚かましさを持っている。それを利用するのは我々の特権だ。また、我々は神から心を与えられたが、その心を真っ黒に染めることもできる。……名誉、富、豪華な住まい、美しい妻、愛妾、戦車、馬、人間にとって大切なものはすべて厚かましく腹黒く生きることから手に入れられる」。

この本は何十万部ものベストセラーになったが、その出版元の中心出版社は、なんと政治委員教育を行なう中国共産党中央党学校だった。

一方、書籍よりも、貿易や経済改革によって実現した情報交換技術、すなわち電子メールやファクス、携帯電話などの発達に大きな関心を寄せている人々がいる。「中国は変化する」と考える人々だ。この種の技術によって開放に向かう動きが生まれるのは避けがたいはずだと期待している。例えば、インターネットに接続すれば、すべてのコンピューターのスクリーンが外界への開かれた窓に変わる。そしてそれを見るすべての人々の大脳の扉の鍵を開けるのだ。

だが、実は、中国政府は通信革命によって生じ得る危険性をすでに察知し、積極的に対抗策を取っている。すべての電子メールの監視あるいは送受信阻止はさすがに不可能だが、中国民主党の報告によれば、民主党やその他、民主主義を支持するサイトは、中国警察が作った破壊的なウィルスによって閉鎖されている。そして、そのようなサイトの主催者は「国家転覆扇動者」として起訴される。

その上、中国政府は、（政府にとっての）不良サイトの閉鎖だけでは不十分と考え、政府のサイバー・スペースに監視人を設置し、アクセスがあれば思うままにコントロールしている。

ハイテク版「ポチョムキンの村」〔訳注：ロシアの女帝エカテリーナ二世の行幸に合わせて、ポチョムキンが建設させた作り物の村。好ましくないものを隠すための立派な外観の譬え〕の働きをするイントラネットの構築だ。これにより、検閲を受けていない海外からのニュースは、経済ニュースも含めてすべて排除される。

何千万もの中国国民が、このイントラネットにログオンしている。彼らは、自分たちが全世界の情報を自由に手にしたと思っている。だが実際には、すべての「危険」なコンテンツが完全に駆除された無菌環境にアクセスしているにすぎない。また、高度な技術を要するためこのイントラネット構築には莫大なコストがかかるが、これも情報掌握大戦略推進の一部として予算措置されている。さらに、公安担当職員が政府転覆を装うサイトを立ち上げ、うっかり政府批判する人間を罠にかける作戦さえ行なわれる可能性がある。

老子も言っている。

「是を以て聖人の治は、其の心を虚しくし、其の腹を実たす。其の志を弱くし、其の骨を強くす。常に民をして無知無欲ならしめ、夫の知者をして敢えて為さざらしむ。無為を為さば、即ち治まらざるは無し」

(聖人の政治は、民の心を虚しくして腹を満たし、意志を弱めて体を強くする。常に民が知識も欲望も持たないように保ち、知恵のある者が手も足も出せない状態にしておくのだ。そうすればうまく治まらない国はない)

迷信▼中国がすでに変わっているという事実は、我々自身が中国を恐れているからだ

中国を声高に擁護する人々は、「中国の脅威」とわざわざ引用符を付けて強調し、脅威なるものは冷戦時代の愚かな考え方の名残りであるかのように言う。カーター政権でエネルギー長官を務め、その後、主に中国との取引を進める商社の経営者になったジェイムズ・シュレジンジャーはこう忠告する。「アメリカは中国に過剰反応しない方がよい。冷戦時代の思考法に陥らないように気をつけるべきだ。中国が一つ進歩するごとに、シャベルを引っつかんで裏庭に核シェルターを掘りに行くようではだめだ」。この種の専門家は、「アメリカ人は、中国は封じ込めるべき『ならず者国家』だという意識を捨てよ。中国は責任ある国家として認められるべきだ」と訴える。

彼らの主張によれば、中国は、危険な国家扱いをされたときだけ危険国のふりをするという。クリントン前大統領もそう考えていたようで、中国の軍備拡張に関する年度報告書の作成を要求していた米国議会を批判し、「そのようなことをすれば、中国は必死になってアメリカの軍事的脅威になろうとしている、などという結論が出されかねない。これは本来出されるべき結論とはかけ離れたものだ。……中国があたかもそのような行動を取っているとアメリカが判断し、それに基づく措置をすることによって、実際に中国がそのような方向を選択する可能性を

大きくするのは良いこととは言えない」と述べている。かくして、注意深く詳細に中国の軍事的能力や意図を監視することは、挑発的で危険だと非難されることになる。

だが、アメリカが脅威だと思うから脅威となるのではない。指導者が挑発的な発言を繰り返し、脅しを実行に移すだけの軍事力を蓄えているから脅威なのだ。

一九九一年九月、アメリカと中国の間の争いを「新たな冷戦」と初めて呼んだのは、最高指導者、鄧小平その人だ。このような挑発的な発言は、しばしば報道機関や上位指導者の演説に現われる。そもそも江沢民主席その人が一九九五年八月、「西側敵対勢力は、我が国を西洋化し、『分割』しようという野望を捨ててはいない」と明言しているのだ。中国のＩＣＢＭはアメリカを標的にしている。そして、中国はアメリカは「敵」だと言ってはばからない。

このような言動の根底にあるのは、二つの国の間に現実に存在し続けている相違だ。中国軍の秘密文書には、「中国とアメリカは、イデオロギーや社会制度、外交政策の違いなどから、長年衝突を続けてきた。これは、中米関係改善は根本的に不可能だと証明するものだろう」とある。

中国指導者の挑発的暴言は、アメリカの排外主義が生み出した冷戦の「幻」などではない。それは、再び世界最大最強の文明国家になるという中華覇権国の野望の明確な表明だ。ペンシルバニア大学教授のアーサー・ウォルドロンは、「中国は、未来永劫変わることなく、共産主義独裁国家であり続ける。政治の基本は、国内政策でも外交政策でも無法な威圧だ。そのため、当然のことながら、中国は周辺諸国やアメリカに対する潜在的な脅威となる」と述べている。

アメリカ中心の世界支配システムは、アメリカの支配が何の問題もなく受け入れられる地域、つまり社会的にも政治的にも対立していない国々では、国際紛争の緩和には非常に効率的かもしれない。だが、中国は、指導者の武力行使によって支配されている。また、中国はすでにアメリカが東アジアの指導的立場にあることに異議を唱えている。

こうした状況を踏まえれば、中国の国内政治が根本的に変わらなくても、アメリカ中心の多国間の枠組みがあれば、中国の野望を絶えず抑えることができると考えるのは、いかにも人が好すぎる。開発途上小国の三流独裁者を説得して、アメリカに追従する方が得策だと思い込ませるのとはわけが違う。相手は中華帝国の政界や軍部のエリート、二千年にわたるアジア支配の伝統を持つ法家の継承者たちなのだ。彼らに、国内での権力を自主的に放棄させ、アメリカの世界支配を永久に認めさせると考えること自体、そもそも無理がある。現政権指導者たちは、台湾がいつまでもアメリカの属国でいることを認めないだろうし、南シナ海から快く撤退することもあり得ない。この二カ所の領土が祖国に再統一された暁には、その支配をさらに遠くまで広げようとするだろう。『ウォールストリート・ジャーナル』の副編集長ジョージ・メローンは近頃こう書いている。「決して口外はしないが、中国の胆略《はら》はアメリカの粉砕である」。

「戦略」という用語を使ったクリントンの無知

一九九八年のクリントン訪中は、一九七二年のリチャード・ニクソン大統領の訪中と比較される。当時はソ連という攻撃的な敵がいたので、ニクソンの中国政策は超党派の支持を得られた。また、メディアからの評価も一様に高かった。一方、クリントンの場合、中国を「戦略上のパートナー」とするように提案したが、大統領本人にとっても補佐官たちにとっても、それがどんなものかを定義するのは困難だった。アメリカ外交の重点を、日本や韓国、台湾のように長らく同盟関係にある民主主義国家から、本質的にアメリカの価値観と相容れない体制へと移し、アジアの勢力バランスを変化させることがアメリカの国益に適うのかと質問されても、補佐官たちは沈黙するばかりだった。アメリカと中国が協力してどの国に対する「戦略」を練っているのか、という質問に対しては、今回の協力関係は軍事同盟ではないと報道官たちは答えた。

クリントン政権のスタッフは、「戦略上の《ストラテジック》」という言葉を選んだときに、誰一人として中国語や日本語の辞書を調べなかったようだ。中国語でも日本語でも、この言葉は極めて軍事的な響きを持っている。「戦《ジャン》」という文字にアメリカ人たちは気づかなかったのだろうか。この言葉を使うことで、図らずもクリントンが米中間の軍事同盟を提案しているように受け取られた。中国人はさぞ喜んだだろうし、日本人は肝を冷やしたはずだ。中国との関係を表現するためにこの言葉を使ったクリントン政権は、この言葉が持つ意味をあまり深刻に考えていなかったのだ。後に論争が起こってから、政権はこの言葉を使用するのをやめ、その代わりに「関与《エンゲージメント》」という単語が使われるようになった。

クリントン政権は政治姿勢が定まらず、政権運営もぎこちなかった。しかしそれでも、冷戦後、そして天安門事件以後においても、中国政府との密接な関係維持のための正当な事由を探し求めたのは、決してクリントン政権だけではない。ヘンリー・キッシンジャーは、天安門事件のショックが世界中を駆けめぐり、米中関係がぎりぎりまで緊張していた時期に、アメリカにはソ連だけでなく日本を牽制するためにも中国が必要だと述べた。その数カ月後に開かれた記者会見では、第二次世界大戦では太平洋の戦場で戦ったブッシュ元大統領が、「日本の脅威はもっともだと思える」と発言している。それは、「アメリカが核武装した共産主義国家、中国と協調し、有事の際にアメリカが防衛義務を負う条約の締結相手国、非核民主主義国家である日本と敵対する」という意味だった。困惑したアメリカ政府は、あわててこの考え方を否定した。

●――ブッシュ現政権は「必要なことは何でもする」

二代目のブッシュ大統領は、まったく異なる方針を採った。二〇〇〇年の大統領選挙では、クリントンとは異なる中国政策を行なうと公約した。ブッシュは、中国を、戦略上の「パートナー」ではなく「ライバル」と見ていた。大統領就任三カ月後、米軍のEP3電子偵察機が中国の戦闘機と接触して不時着する。この出来事で、ブッシュの見方の正しさが明確になる。特に、中国側の飛行機乗組員の即時解放拒否は決定的だった。

二〇〇〇年四月、もし台湾が攻撃されたらどうするかという質問を受けたブッシュの答えは簡潔明瞭だった。「必要なことは何でもする」。これはあまりにも端的な答えであり、国務省全体が息を呑んだほどだった。チェイニー副大統領は、その後、ブッシュ大統領のこの発言はこれまでの政策を再確認したものだと釈明している。しかし、これは単純にそれだけのことではない。この簡潔な発言は、クリントンが二つの空母艦隊を派遣して示そうとしたアメリカの姿勢を十二分に再確認するものだ。それは、もし台湾が攻撃されればアメリカは台湾救援に向かうということだ。その後、中国政府の言葉による攻撃は続いたが、ミサイルは発射されていない。ブッシュは歯に衣を着せない物言いをする。中国政府は、クリントンを試したようにブッシュを試すことにはいまだに成功していない。

ブッシュはその数カ月後、台湾が最新鋭潜水艦と誘導ミサイル駆逐艦とを購入できるよう道筋をつけた。さらには軍事協力を密にして、台湾防衛を強化した。また、毎年春に台湾が要求する武器一括審査をやめ、台湾への武器輸出を個別の案件ごとに承認するよう決定した。中華人民共和国やその権益を代表する中国ロビイストたちが、武器輸出の審査から承認の過程に介入するのを防ぐためだ。もっと露骨に言えば、軍事計画と軍事配置の重点としては、アジア太平洋地域全体が、ヨーロッパの上位に置かれ始めたのだ。

●――「極東の錨」に中国を指名するブレジンスキー構想

世界貿易センターのツイン・タワーが攻撃されると、アメリカの戦略上の優先事項が再び変化した。今回は中央アジアと中東の重要度が増したのだ。中国は9・11を利用してアメリカに接近しようと試みた。中国の取引条件は単純で、新疆ウイグル自治区やチベット、台湾の独立運動抑圧を中国の自由意思に任せるなら、中国はアメリカの対テロ戦を援助するというものだった。だが、アメリカはこの取引を拒否する。翌月、APEC会議に出席するために上海を訪れた際、ブッシュ大統領は、テロとの戦いを口実にして少数民族を虐げることは許されない、と中国に強く釘を刺した。

ところが、そのわずか一年後、アメリカは中国の助力を求める。国連安全保障理事会でイラクへの武力行使の承認を求めている最中に、北朝鮮の核問題が危機的な状況に陥ったのだ。そこで、リチャード・アーミテージ国務副長官が二〇〇二年八月、中国を訪れ、東トルキスタンイスラム運動をテロリスト・グループに指定した。中国政府は、新疆ウイグル自治区でのあらゆる政治活動を取り締まっていたが、これによって、テロとの戦いと称して弾圧を正当化できるようになった。この見返りとして、中国はアメリカと北朝鮮との会談の仲介役を務めている。

アメリカと中国は便宜上、ごく限定的だが、上述の協力を実現した。にもかかわらず、ブッシュ政権は、中国政府のその他の振る舞いについては批判をやめようとしない。

クラーク・ランド在中国大使は二〇〇三年、中国の人権政策について公然と細部まで踏み込んで批判し、釈放されるべき収監者名の長いリストを読み上げた。父親のブッシュ政権、あるいはクリントン政権でさえ、人権に関わる事件や政治犯については公に議論すべきでない、という中国政府の身勝手な主張をおおむね認めてきた。それと比べれば、このブッシュ政権の方針は大きく変わったと言える。

だが、もはや意味のない「戦略的協力関係」を復活させようと、いまだに画策している勢力もある。9・11直後、前国連大使リチャード・ホルブルックは、アメリカと中国が「第四次共同コミュニケ」を採択して二国間の新たな戦略的協調関係を明確にするように提案した。だが、もしそのようなコミュニケが採択されれば、中国政府の強い要求に応じて、台湾やチベット、新疆ウイグル自治区に関連する問題で相当な譲歩を強いられるだろう。したがって、この提案は、ワシントンでは冷ややかに受け止められた。

カーター政権の国家安全保障担当補佐官だったズビグニュー・ブレジンスキーも、アメリカと中国は、戦略的協力関係維持のために議論を続けるべきだという意見の持ち主だ。ブレジンスキーの主張は、アメリカには、ユーラシア大陸東端を安定に導く同盟国が必要だというものだ。ブレジンスキーはこれを「極東の錨《いかり》」と呼んでいる。そしてその役割を果たすのにうってつけな国は中国だという。

日本はその他の面ではどんなに重要であっても、この役割を果たすには島国であるために不適切だ。彼自身の言葉を借りれば、「海洋国家日本との密接な関係保持は、アメリカの世界政策にとっては非常に重要だが、ユーラシア大陸におけるアメリカの地政学的戦略上、大陸中国との協力関係は絶対に欠かせない」という。平たく言えば、ロシアを押さえつけておくためには中国が必要だということである。

現段階でのロシアを脅威と見なすのはどう考えても無理がある。ＧＤＰから平均寿命に至るまで、ロシアの国力と安定性を示すあらゆる指標が、憂慮すべきレベルにまで低下しているからだ。ブレジンスキーも、「世界最大の版図を持つ国の崩壊によって、ユーラシア大陸の真ん中に『ブラックホール』が出現した」と認めている。だがそれでも、ロシア帝国復活の可能性を彼は懸念している。この可能性を回避するためには、「帝国主義的な野心を持って活動を始める確率の低い……ヨーロッパ・ロシアと、シベリア共和国、極東共和国からなる……ゆるやかな連合国家ロシア」という形になってくれれば良いとブレジンスキーは言った。かつてのポーランドが周りの三つの国によって三分割され、結局併合されてしまったことが思い出される。そういえば、その三国のうちの一つはロシアだった。

中国は、この種の権力分散を歓迎するだろう。ロシア極東共和国なるものが、一世紀前にロシアが中国から奪い取った領土とほぼ重なるからだ。極東とシベリアとがヨーロッパ・ロシアから政治的に完全分離すれば、その二つは中国の手中に収まることになるだろう。「周囲の国の思惑がどうであれ、『大中華』が出現しようとしている」と認めているブレジンスキーには、災禍の前兆が見えているのだろう。だが、「これを阻止しようとすれば中国との衝突は必至」で、「日米関係をも緊張させる」と警告している。

ブレジンスキーの忠告は、アメリカは何もすべきでないという程度にとどまらず、あろうことか積極的に中国と共謀して、中国が満足する勢力圏を創り出せと言うのだ。「中国と和解するためには……代償が必要だ。中国をアジアの大国と認めるのは、単に中国の主張だけを支持するということではない。ある国がその地域で突出した地位にあるということは、それだけの実態を必ず伴うのだ。あからさまに言えば、アメリカにとって、これは、アメリカが描く世界の枠組みへ中国をうまく取り込むために、中国の影響力がどこまで及ぶのを覚悟すべきなのか検討すべきだ。復興しつつある中華帝国の政治的な影響下に新たに入れられる可能性がある地域は、一体どこだろうか」。

このような形の和解は、宥和政策へと流されやすい。そうなれば、あとは、アメリカが撤退する具体的な時期と、中国の手に渡す同盟国の名前だけが問題になる。もし、アメリカ外交政策の第一目標が、アジアにおける中国との紛争を避け、中国を世界的な協力体制に組み入れることにでもなれば、アジアにおける中国の野望を認めることは必須となる。民主主義国家が覇権国に呑み込まれていくのを座視しなければならないのだ。

それはどの国だろうか。台湾か、カザフスタンか、モンゴルか、それともタイなのだろうか。ブレジンスキーや、外交政策中枢にあって彼と考えを同じくする人々は、誰一人、この点については黙して語らない。

第七章

米中対決の現実的可能性

●——中国の国家目標は「パックス・シニカ」

アメリカが現在の対中国政策を取り始めたのは、ヘンリー・キッシンジャーが極秘で北京を訪問したときからだ。当時、国家安全保障担当の大統領補佐官だったキッシンジャーは、周恩来にアメリカの台湾独立不支持を、何の見返りもなく、あっさりと確約してしまった。キッシンジャーとしては、ソ連の脅威に対抗するために、何としても中国カードを利用できる状態にしておきたかったのだ。アメリカと中国を隔てるイデオロギー上の深い溝についても、やはりできるかぎり軽視しようとした。

クリントン政権が採った中国との「戦略的な協力関係」追求政策は、キッシンジャーのなりふり構わない「周恩来抱き込み」政策とまったく同じ姿勢で進められた。つまり、中国の善意を期待する以外、具体的な見返りもなく、貿易や安全保障上のさまざまな問題で中国に譲歩したのだ。そうした政策の実体を宥和政策というのであれば、この政策は失敗だと認めるようなものだ。そればかりか、ソ連が崩壊してその戦略的な合理性が失われ、天安門での虐殺によってイデオロギー上の溝が露呈してしまったのだから、何をか言わんやだ。

クリントン政権は、アメリカが好条件を示せば中国はこれに最大限応えるだろうという仮定の下に、スーパー・コンピューター、人工衛星、その他の科学技術を中国政府にたびたび提供してきた。中国の核兵器、生物・化学兵器、ミサイルなどの輸出停止を期待したのだ。だが、そんなアメリカの期待を無視し、中国は核兵器関連物質をイランに不正に輸出し続けた。中国はそれ以前にも、核兵器数個分に十分相当する量の核分裂物質をパキスタンに与え、北朝鮮やサウジアラビア、リビアには弾道ミサイルの技術を提供していたのだが、このイランへの不正輸出は、中国の姿勢が以前とまったく変わらないことを示すものだ。

クリントン政権は、「関与」政策によってアジアに安定がもたらされたと主張した。それでもそのクリントンの目の前で、中国は南シナ海の島々を掠《かす》め取り、台湾に向けてミサイルを発射し、また、軍事費は二けた台の伸び率で増加し続けた。中国政府は、選挙資金提供によって一九九六年のアメリカの大統領選挙を台無しにしようとさえした。にもかかわらず、クリントンと江沢民の首脳会談は進められ、さらにクリントン政権は、中国のスパイがアメリカの核関連施設に潜入していたことが暴露されてもなお、軍事利用が可能な装置の中国への輸出を承認し続けた。多段式ミサイル・ブースターの分離に使われる特殊な爆発ボルトや軍用スーパー・コンピューターなど、最新鋭の武器と技術が輸出された。

クリントン大統領は、人権問題で中国を公然と批判するよりも「静かな外交」を進めた方が、中国の対応が好ましいものになると想定し、人権問題と貿易問題とを切り離した。経済制裁は行なわず、中国の所業を容認する議論を広めようと努めた。中国もそれに応えて有名政治犯二、三人を釈放した。だが、その後、反体制派取り締まりが中国全土で密かに強化され、そのほとんどが収監されるか、自宅軟禁されている。

例えば、中国民主党を結成した人々は長い刑期に服している。キリスト教指導者の逮捕も続いている。政治とは無関係な仏教の修行団体である法輪功リーダーたちも服役中だ。罪状は、合法「団体」としての承認を嘆願したことだという。処刑者の数もまた、かつてないほど多い。このように、クリントン政権の「関与」外交は不発に終わり、妊娠中絶の強制や宗教弾圧のような非人道的な行為をやめさせることはできなかったし、囚人の臓器の売買や、「違法な」新生児を薬物注射で死に至らしめるといった蛮行も相変わらず続いた。クリントンは中国の人権問題から目をそらし、「人口問題」や「規制のない宗教活動の危険性」と問題をすり替え、大統領報道官は中国政府に同情的な立場の発言を繰り返した。

カーネギー国際平和財団上級研究員のロバート・ケーガンと『ウィークリー・スタンダード』誌の編集長ウィリアム・クリストルの観察眼は鋭く、「クリントン政権は、関与政策によって中国が我々のような国家に近づくだろうと主張してきた。だが実際には、我々が中国に似てきているのだ」と述べている。

ブッシュ現大統領は、政権発足前から、前政権の中国政策の過ちを正そうと決意していたが、その大方は成功している。中国とはほど良く距離を置き、レーガンと同様（そして、クリントンとは異なり）、過度の期待や希望を中国に対して抱かないようにしている。レーガン時代の国務長官だったジョージ・シュルツは、「国と国との外交関係は労使関係と同じで、関係そのものを重視しすぎると、かえってこじれてしまうという信念を私は持っていた」と、回想録のなかで書いている。シュルツの愛弟子であるコンドリーザ・ライス新国務長官も、国と国との関係が偏らないように気を配っている。

概して言えば、レーガンは、アメリカのアジア政策を、中国中心から、日本や韓国などの同盟国との関係に重点を置く方向に転換させた。これまでのところ、二代目ブッシュ政権の政策も、これとほぼ同じと見てよい。ただ、北朝鮮の核・ミサイル危機のために、ある程度北京寄りの政策を取らざるを得ないのだが、実際には、もっと中国と距離を保ちたいというのがブッシュ大統領の本音ではなかろうか。

だが、ブッシュ政権内部にも、やはり中国に過度の期待を抱いている者がいる。例えば、中国の経済改革がやがて民主化につながるのではないかと期待している。けれども、中国共産党は、一九九九年八月九日、経済改革が始まってちょうど二十年が経過したその時期に、『マルクス、エンゲルス、レーニン、スターリン、毛沢東、鄧小平、江沢民による唯物論と無神論に関する討論』と題された本を読むよう党員に指示している。これは、自らと異なる宗教や文化に対して寛大になろうとしている政権が示す姿勢とは思えない。また、「社会主義市場経済」の維持を主張する政府が取るべき態度でもない。

中国共産党のこうした姿勢と、中国政府が経済の主要部門を相当程度まで統制している点とを考え合わせれば、中国の改革姿勢は明らかに後退している。しかし、中国の戦略決定の中枢にいる人々は、最終的には自らの経済概念が優勢になるものと確信している。だからこそ彼らは、「将来、変化するのは中国ではなくアメリカだ」と断言する。アメリカが「資本主義から一種の『社会主義市場経済』へと移行する」というのだ。

中国は今でも、歴史上の経緯と文化的な優越感とからアメリカを敵視している。しかし、二十年後には、太平洋地域に対するアメリカの影響力を、現在よりもさらに批判的な目で見ることだろう。現在も二十年後も、中国の密かな目標がアメリカ勢力の破壊にあるのは変わらないものと予想される。

中国の野望は「パックス・シニカ」の完成である。アメリカ建国の二千年も前から、中国はこの願望を抱いている。二十年後もこの野望は健在なはずだ。唯一変わると思われるのは中国の軍事力で、おそらく格段に強力になっていることだろう。

●――チャイナ利権に群がる米高官

ニクソン＝キッシンジャー流の政策は成功しなかったのに、相変わらず、その政策が続いたのはなぜか。その理由としては、中国の圧力もあるし、官僚主義的な惰性もある。だが、この政策を進めようとする人々の権益を見落としてはならない。

ヘンリー・キッシンジャーを筆頭とする国務長官経験者、さらに、やはりキッシンジャーを始めとする国家安全保障担当補佐官経験者に加え、彼らの部下だった高級官僚の多くが、政府の仕事から離れた後、中国関連事業に身を投じている。しかも、退任してから十分な期間を置かずに新たな職に就く場合が多い。例えば、カーター政権の東アジアと太平洋問題担当国務次官補だったリチャード・ホルブルックは、退任したほんの二カ月後に北京を訪問している。そのときの肩書きはリーマン・ブラザーズ社〔訳注：アメリカ有数の投資銀行〕相談役であり、ナイキ社〔訳注：巨大スポーツ用品会社〕とシーグラム社〔訳注：カナダの酒造会社〕顧問だった。また、レーガン政権で最初に国務長官を務めたアレグザンダー・ヘイグは、一九八二年六月に退任後、ユナイテッド・テクノロジー社〔訳注：アメリカの総合重機会社〕に入り、その一方で中国への武器輸出を擁護し続けた。

このような利益の享受が今後も許されるならば、中国政策にかかわる人たちを色眼鏡で見ざるを得ないし、当然、そうした人々の間にはいかなる犠牲を払ってでも米中間の平和を維持しようとする姿勢が生まれることにもなる。したがって、彼らの「専門家」としての国に対する助言の内実は疑わしいものだと思わざるを得ない。

一方、中国はこの点をよく理解している。人間の欲望を利用して虜にしておき、米中間に何か問題が生じれば、それとなく誘導して中国に都合の良い行動を取らせるのだ。中国が何か非道な行ないをした場合には、鼻薬をきかされた連中が、間髪を入れずに中国を擁護する発言をする。例えば、首都の真ん中で武器を持たないデモ隊が撃ち殺されるといった出来事がこれにあたる。

天安門事件のわずか数週間後に飛び出したキッシンジャー発言の冷酷さは、他に説明のしようがない。キッシンジャーはこう言った。「首都の中心にある広場を、八週間にわたって一万人ものデモ隊が占拠し、主要な政府機関の建物の前を塞げば、世界中のどんな政府でも我慢できないだろう」。

致命的な対中専門家の不足

アメリカには、学界でも政府内部でも、中国専門家の数が圧倒的に少ない。そのため中国は、常に中華帝国におもねる意見が支配的になるようにそれらの人々を監視し、操っている。

中国が使う飴（と鞭）は、情報源へのアクセスだ。中国政府の気に入る本を書けば、中国に招かれる。大学や研究機関を訪問し、政府高官との会談が実現する場合もある。ここで手に入るのはすべて生の情報だ。これによって、学者としても政策決定者としても成功が約束される。

一方、中国政府を批判する者は、ビザの発給を拒否される。つまり、生の情報を入手できず、間接的な情報に頼らなければならない。

私は以前、中国の人権問題について討論する集会を企画したことがある。ワシントンDCのある大学で教鞭を執っている有名な中国専門家にその集会で講演してもらおうと連絡をしたが、警戒心をあらわにしたその人から、「私はそのような集会には行かないようにしている。北京からの情報ルートが途絶えてしまっては困るのだ」と、あっさり拒絶されてしまった。

繰り返すが中国のこのような浅ましい画策がうまくいっている原因の一つは、アメリカの中国専門家の数が非常に少ないことにある。一つだけ例を挙げよう。私は二〇〇一年、CIAで、中国の覇権主義的野心によって生じる問題について講演をした。その日、常勤で中華人民共和国の監視をしている分析官のほとんどが私の講演を聴きに来ていた。しかし、その数はなんと三十名たらず。かつてソ連に対して注意深く目を光らせるＣＩＡ分析官の数はおよそ一千名だった。半数は軍事的な問題を担当し、残りが政治、経済、社会的な動きを追っていた。この差は衝撃的だ。確かに現在の中国の脅威は、冷戦さなかのソ連の脅威のレベルには達していない。だが、それにしても、そのわずか三パーセントしか分析官がいないというのには落胆した。分析官の数は現在の十倍の三百人程度は必要であり、それも早急に増員する必要がある。

ただし人選は慎重でなければいけない。また、新規に採用する分析官は、中国語が堪能な者がよいのは言うまでもない。ありていに言えば、現スタッフは中国語にあまり堪能とは言えない。講演で私は、出席者たちに中国語の読み書きと会話ができるかどうか尋ねてみた。三十名たらずのＣＩＡ分析官を含め、百人以上の出席者のなかで手が挙がったのはたった一人だった。これを見て私は目の前が暗くなる気がした。語学の訓練を積めば、米中両政府の意思の疎通も改善される。言葉の壁が原因で真意が伝わらないことが減るからだ。

中国の戦略立案者は「アメリカは衰退しつつある大国であり、やがては日本の沖縄を始めアジアから手を引き、アメリカ軍がその地域にある軍事基地から撤退する」と信じている。また、これらの前線基地がなければ、アメリカ軍の物資補給体制《ロジスティクス》が抱える根本的な弱点が露呈されると考えている。つまり、アメリカが海外を戦場として戦う場合、「太平洋や大西洋を越えなければ、戦場となるアジアやヨーロッパに出られない」が、それだけの輸送能力はアメリカ軍にないということだ。

しかし、アメリカがアジアで強力な軍事プレゼンスを維持すれば、中国の信条の誤謬が明らかとなり、中国指導部による戦略上の誤算は避けられるだろう。そして、このような誤算に起因する軍事衝突も回避することができる。

一方では、アメリカが手を打とうが打つまいが、中国の軍事大国化は避けられない、と主張する人もいる。その主張どおりに中国が復活したとしても、アメリカと中国との戦略上の力関係は膠着状態に陥るのがせいぜいだろう。

だが、必ずしもそうなるとは限らない可能性もある。例えば、ロシアは、保有する核兵器はほとんど減っていないにもかかわらず、もはや超大国とは見なされていない。経済崩壊に加え、アメリカの封じ込め政策によって通常兵力も衰えてしまったからだ。

では、中国はどうか。中国の経済成長がこのまま持続する保証はない。経済運営を誤れば、景気後退程度ではすまない可能性もある。国防費の伸びもどうなるかわからない。中国がアメリカとの軍備増強ゲームを降りるまで、アメリカが掛け金をつり上げ続けるべきだという理由はそこにある。中国がアメリカに対抗して軍備増強を続けようとすれば、必要不可欠なインフラの整備や経済開発全般に投入すべき資源を軍事に回すしかない。中国は、はっきりとした選択を迫られる。この場合、中国政府が剣より鋤を選択する可能性は非常に高い（突出した国防費がソ連崩壊の原因になった点は、中国でも広く理解されている）。

人民解放軍の将軍たちは、湾岸戦争でのアメリカの圧倒的な勝利にショックを受けた。「アメリカの軍事力と聞くだけで誰もが、顔面蒼白になっていた」と、ある中国人アナリストは茶化し気味に言っている。だがその後、不思議な方向転換が起こり、中国人アナリストは総じてアメリカの力を過小評価するようになった。そして、逆に、アメリカの「弱さ」を詳しく論じ始めている。「アメリカはベトナム戦争や朝鮮戦争に『敗北』した。第二次世界大戦の連合国勝利には二次的な貢献しかしていない（この修正論によれば、一次的な貢献をしたのはソ連と中国だということになっている）。アメリカの軍事力は衰退している。アメリカがアジアで中国と戦争をした場合、アメリカが勝利する確率はわずか三十パーセントだ」と言うようになったのだ。

マイケル・ピルズベリー〔訳注：外交問題、国際安全保障の専門家。米各政権で特別補佐官を歴任。米国国防大学国家戦略研究所の客員上級研究員〕によれば、中国の国家戦略を策定する人々は、「サダム・フセインが（湾岸戦争で）中国流の戦略を用いていれば、（アメリカの作戦上の弱点に）つけ込むことができ、アメリカに勝てただろう」と信じているらしい。

●――さらに重要視される日米関係

海洋国家はすべてそうだが、アメリカも、軍事的に自国の海岸線だけでなくその先の海洋をも確保しなければならない。特に、太平洋の対岸あるいはその近辺に、友好国や同盟国、自国の軍事基地を持つ必要がある。中国は懐柔できるだろうと勝手に決め込んで、中国に対する「関与」政策に自らの安全保障を委ねるわけにはいかない。中国の力が増すにつれ、日本や韓国、台湾、フィリピンとの同盟関係の継続または再構築が不可欠となる。

これらの太平洋沿岸諸国が中国の侵略を受けないよう、アメリカが安全保障上の援助をしたとしても、アメリカ本国は海を隔てて遠く離れているので、アメリカ自身に領土的野心があるとの疑いを持たれる心配はない。この安全保障の傘が特に重要となるのは日本に関してだ。アジアにおける強力な米軍のプレゼンスがなければ、日本は再軍備をするか、否応なく中国の勢力圏に繰り入れられるかの、二者択一を迫られるからだ。

アメリカの最終的目標は、中華人民共和国が触手を伸ばす誘惑に駆られる場所すべてに、ディーン・アチソンの「示威的状況」〔訳注：自分の力の優位性と対決姿勢とが十分に相手に示されている状況〕を創り出すことだ。アジア太平洋地域の同盟国との連携を強め、さらに、ロシア、インド、インドネシアとの協調を図らなければならない。同盟国との関係がしっかりしていれば、たとえ中国の脅威があろうとも、平和確保は可能となる。

アジアで安全保障条約を結んでいる国のなかでも、日本との関係は特に重要だ。冷戦の四十年間、日本は、アメリカが北東アジアに軍事展開するための最大、かつ最も安定した拠点だった。日本にある基地によって、太平洋両岸の安全が保たれたうえ、東南アジア以遠の作戦行動が容易になったのだ。日本国内の米軍基地は、朝鮮戦争やベトナム戦争の際にアメリカの軍事行動を支えてきた。しかも、基地の維持費用は日本が負担している。将来、有事の際に、韓国やタイ、台湾、フィリピンの支援に、日本の米軍基地は不可欠だ。もしアメリカが日本とのつながりと日本国内の米軍基地とを放棄すれば、中国に対抗できはしない。

世界的規模の経済を持つ日本には、世界で地政学的戦略上の主役を務めるだけの力があることは明白だ。だが日本は、本拠地の東アジアのなかですら政治的なリーダーシップを発揮することを避け、ほどほどの軍事力で満足している。アメリカとの協調と保護を望んでいるのだ。

アメリカは、この日本との関係を大切に育てなければならない。拡大する中国の脅威からアジアにおける日本とアメリカ共通の利益を護《まも》るために、軍事的な協力関係をより密にするように日本を促す必要がある。例えば、一九九九年五月、日本の国会で承認された日米軍事協力に関する新ガイドラインは、不特定の「周辺地域」における米軍と日本の自衛隊との協力を推進するためのものであり、日米間の軍事協力を強化する方向へ向けた重要な一歩だと言える。

台湾も、中国の覇権を阻むための重要な鍵だ。はつらつとした民主主義、好調な経済（現在アメリカの貿易相手国としては第七位）。いずれをとっても重要な役割を担っていることは間違いない。

一九九六年、中国が行なった「ミサイル外交」に対抗するために、アメリカは危険水域に空母を二隻も派遣した。だが極論をあえて述べると、それよりももっと効果的なやり方があった。すかさず、台湾に正式な領事館を開設すればよかったのだ。「今後、中国がこのように挑発的な行動を取れば、アメリカは即座に台湾を外交の相手国として承認する用意がある」というメッセージを中国政府に送るのだ。そうすれば、アメリカ空母を問題の水域から安全な距離に置くことができ、軍事的な衝突が起こる可能性を減らせただろう。同時に中国政府に対して、台湾に武力を向けても、台湾の国際的な地位を大きく飛躍させることになるがゆえに逆効果だ、とはっきり示すこともできたはずだ。

何はともあれ、台湾の防衛力は強化する必要がある。まず台湾の自衛能力を高めるために、台湾への武器輸出制限は撤廃すべきだ。高まり続ける中国のミサイル脅威に対抗するには、戦域ミサイル防衛システムなどのような防衛戦力の中核となる兵器システムを備えなければならない。現在はアメリカ軍と台湾軍の上層部の交流が禁じられているが、この制限も解いて、台湾の防衛計画を前進させる必要がある。

今後も中国の台湾侵攻を防ぐのに有効な方策としては、アメリカが台湾を防衛するのだという姿勢を明確に示し、有事の際には断固とした行動を取ることしかない。一九七三年、毛沢東は、キッシンジャーに台湾の再統一について、「平和的に主権が移譲されることはないと思う」と語っている。近ごろ中華人民共和国は武力で再統一を行なうと台湾を脅迫するのだが、そうした態度は、毛沢東の後継者が毛沢東と同じように考えていることを明らかに示すものだ。

●――平和的な改革を策略と考えた毛沢東

アメリカが中国を封じ込め、その軍事的突出を防止すれば、中国のさまざまな原動力を経済発展だけに向けさせることができ、その結果、何らかの変化がもたらされる。だが、中国国民が経済発展とともに自由をも謳歌するためには、ただ中国の軍備増強を遅らせるだけでは不十分だ。民主化を促進し、政治改革が、経済発展や軍備の現代化に追いつくようにしなければならない。

東欧と旧ソ連の共産主義体制の崩壊は衝撃的な出来事だった。それを目の当たりにした中国の指導者たちは、一般市民が自らの意思で国家政策に反対するようになれば、その支配体制はたちまちほころびることを知った。中国の指導者が最も恐れるのは、あの天安門広場のデモが大規模な再現と成功、すなわち、共産党政権が自然発生的な民衆運動によって、突如として麻痺状態に陥り、ついには平和裡に崩壊することだ。これは中国指導部にとっては悪夢のような出来事だろう。しかし、アメリカの外交政策が目指すべき最終目標は、中国の、無法な抑圧を行なう一党独裁体制から、法の支配する民主国家への平和的な変革実現である。

「平和的な変革」という言葉は、かつての国務長官ジョン・フォスター・ダレスが演説中に使った言葉だ。その演説は、欧米ではとうに忘れ去られている。一九五九年、ダレスは演説で、アメリカが武力で共産主義を「撃退」することはできないと述べた。ダレスは、アメリカは以後、貿易や交換留学生、文化交流などの穏やかな方法で、共産主義独裁国家を変革して民主国家へと導く努力を続けるであろう、と言っている。

当時のアメリカ人の目には、撃退からこのような平和的な改革路線への政策転換は、一歩後退したように見えた。けれども、毛沢東主席はそうは受け取らなかった。非軍事的な手段によって共産主義を打倒するために新たに考え出された、巧妙な策略と捉えたのだ。

しかし、時が経つにつれて、アメリカ人の巧妙さや外交政策の一貫性をめぐる毛沢東の過大評価が明らかになった。ダレスも、その後任者も、中国に対する平和的な改革政策を首尾一貫して実行に移すことはなかった。別の国務長官がこの政策を正式に提案するまでに三十年以上が経過した。天安門事件以降の中国の指導部に対する不快感を反映して、一九九三年ウォーレン・クリストファーが、アメリカは中国の共産党支配を終わらせるために積極的に努力すべきだと提案した。クリントン政権の初代国務長官を務めたクリストファーは、自身の指名承認公聴会でこう証言している。「我が国の政策目標は、中国で平和的な変革を広範囲にわたって引き起こし、中国を共産主義国家から民主主義国家へと生まれ変わらせることになるだろう。その方法は、偉大で非常に重要な、かの国における経済と政治の自由化とを求める動きの促進である」。

中国外交部の呉建民広報官は、クリストファーのこの証言に対し、アメリカは中国の内政に干渉すべきではないと激しく非難した。その後、北京を訪れたクリストファーは、それまでに訪中したアメリカの政府関係者のなかでもおそらく最も冷ややかな対応を受けたようだ。こうした対応の原因の一つは、クリストファーが融通の利く現実的な政治家ではなく、「非暴力革命論者」だと思われた点であったかもしれない。

ところで、中国で非暴力革命が起きた場合、その結末は一体どうなるのだろうか。

人権尊重という概念が存在しない中国

中国における人権問題の数々には弁護の余地がない。国の政策を批判した人々や、民主化を要求した人々の逮捕、拘禁、そして拷問までもが日常化している。地下出版を行なう人たちは、徹底的に捜索され、逮捕される。集会の自由がないことは、一九八九年の天安門事件で全世界の知るところとなった。また、一九九九年からの法輪功の修行者の逮捕で明らかになったように、結社の自由もない。一億人ものキリスト教徒は、自由な礼拝を禁じた政府命令に背くことによって、日々自らの命を危険にさらしている。アメリカ国務省による「中国に関する年次報告書」は、違法な処刑や妊娠中絶の強制を始めとするさまざまな人権犯罪についての最新の記録をまとめたものだが、それは記録というよりは残酷物語そのものだ。

国連憲章や人権に関する国際条約、あるいは規約等には、基本的な人権は尊重されなければならないと書かれている。基本的人権の尊重が国際的に成文化されたのは、特定の国の人権だけを守るのが目的ではなく、人類すべてを守るためだ。中華人民共和国は、これらの国際条約を批准している。もしそれらを遵守しないのであれば、貿易その他の分野で他の国との正常な関係の維持はできない。中国は、これを肝に銘じるべきだ。

アメリカがその最大の敵対国に対処する場合、貿易問題は常に人権問題と関連させて考える必要がある。四十年に及ぶソ連との冷戦の間、もしアメリカが利益だけを追い求めて外交政策を進めていたら、失うものはとてつもなく大きかっただろう。対ソ貿易の条件と、ソ連の自国民の自由意思による移民承認とを関連づけたジャクソン・ヴァニク修正条項は、アメリカの基本方針を明確にする点で効果的だった。世論調査によると、大半のアメリカ人は対中貿易の問題よりも、中国の人権問題や軍備拡張に高い関心を寄せている。そのような人々は、対中国にも対ソ政策と同様の政策が採られることを歓迎するだろう。

人権と国家の安全保障とは利害が相反するとよく言われるが、実はそれぞれが互いに不可欠の関係にある。人権尊重が民主主義を形成し、その民主主義が確かな平和を保証するからだ。人権問題で取り上げられる自由（言論、報道、信仰、集会など）は、政治参加へと続く踏み石だ。そこから複数政党政治が生まれ、最終的には民主主義化が達成される。地下発行される今日の広報紙が明日には政権を批判する新聞となり、今日の反体制派が明日の選挙の立候補者となるのだ。

国民に主権が移れば、中国の覇権主義的な野望が、完全に消滅はしないまでも、萎《な》えることはほぼ確実だ。民主化された中国とアメリカの間で将来どんな紛争が生じても、選挙で選ばれた中国の政権が紛争解決を武力に訴えるとは考えにくい。言うまでもないことだが、民主主義国家どうしは戦争をしないというのは事実なのだ。

一九八九年から一九九三年にかけて、クレアモント研究所のアジア研究センター所長を務めていた私は、研究所の仲間とともに、中国の民主主義派のリーダーたちのためにシンポジウムを十数回開催した。彼らが民主主義における自由の原則や民主主義の仕組みについて学ぶ機会をどうしても作りたかったからだ。シンポジウムでは、ロバート議事規則〔訳注：ヘンリー・M・ロバートが一八九六年に著した、米国において最も標準的かつ権威ある議事法典（＝議事進行のマニュアル）として各種の団体で採用されている〕を教えて、不安や混乱の心配なく政治的な議論ができるようにした。アメリカ合衆国憲法の中国語訳も配布し、そして自治の原則についても話し合うように促した。シンポジウム参加者の反応は前向きだった。私たちの努力はおおむね成功だったと言えよう。

だが、このときに私たちが改めて実感したことは、このような民主主義の仕組みも、歴史と文化にしっかり根づかなければ、長くは続かないという点だ。そこで私たちは、孔子や孟子、法家その他の古典に戻って、国民主権や三権分立といった概念とほんのわずかでもつながりのあることが書かれていないか、調べることにした。全般的に見ると結果は期待はずれだった。中国には人権尊重の伝統はまず見られない。そもそも基本的人権という発想そのものが、中国の古典のなかにはまったく存在しないのだ。統治者の正当な権力は、とにもかくにも治められる者の同意に由来するものだと示唆した形跡すらない。有史以来、中国の皇帝は常に絶対的専制君主だった。この点では、紀元前二二一年から二〇六年にかけて中国を支配した秦の始皇帝も、紀元一九四九年から一九七五年まで支配者だった毛沢東もまったく変わりがない。独裁政治の伝統は、異国で生まれた民主主義が根づくような土壌など形成しなかった。

中国の経済成長が続けば、やがて参加型の民主主義が生まれるだろうと考えるのは、あまりに短絡的というものだ。中産階級、起業家階級が成長するためには経済の拡大は欠かせないが、そのような階級の人々が存在するからといって、必ずしも政治改革につながるわけではない。台湾と香港では、経済成長と法による支配が自由化を求める動きにつながったものの、それぞれが得た結果は著しく異なる。

香港の民主化を求める気運は、中国の法家思想的な独裁政権によって押しつぶされてしまった。これが息を吹き返すことはおそらくないだろう。一方、欧米指向の台湾政府は国民の声に耳を傾け、八〇年代には民主化要求を受け入れた。そして今日では、複数の政党を擁した民主主義政治を行なっている。

●――民主化された台湾が恰好の「未来への工程表」

台湾は、単なる民主化の成功例というだけの存在にとどまらない。台湾はアジア紛争の火種であり、米中関係を常に刺激するトゲのようなものだ。しかし、まったく皮肉なことに、中国にとっては、百五十年にわたる歴史的な政治苦悩から抜け出す道を示してくれる存在でもある。民主化された台湾で最高潮に達した力は、十九世紀末、中国沿岸部の大都市で生まれた。弱体化し滅亡寸前だった清王朝には、法家思想に基づく厳しい支配を続ける力が残っていなかった。その結果、人々が集まる空間が生まれる。この空間で、中国初の市民社会が芽吹き始めたのだ。新聞が創刊され、「教育・研究グループ」が誕生し、さらに、初めて近代的な大学が設立される。一九〇五年、孫文《そんぶん》は中国革命同盟会を結成し、清朝の打倒と立憲共和制国家の建設を目標に掲げた。その綱領には、代議政治と法の下での平等が公約されていた。

一九一一年、清朝瓦解とともに、共和制の中華民国が建国される。三権分立を掲げ、議会制ではなく大統領制を採用するという、かなり意識的にアメリカの政治システムを模倣した国だった。第一回目の国政選挙では、実に総人口の十パーセント近くが投票した。一般の人々の選挙参加率がこの数字に達したのは、日本では一九二八年、インドでは一九三五年のことだ。

だが、脆弱な中華民国政府は、旧清朝の将軍たちや地方の総督、巡撫〔訳注：どちらも中国の地方長官〕らを抑えることができなかった。すぐに、軍閥どうしが相争うようになる。法家の目標を達成するために暴力に頼ってきた中国の歴史を振り返れば、それほど驚くべきことでもない。この状態は二十五年間続いたが、中心となる政治権力が不在だったため、芽生えかけた市民社会の成長する余地はかえって拡大され、中国の市民社会はさらに発達した。

蒋介石は、中国の大半を統一して一九二八年に国民党政府を樹立するが、すでに時代遅れとなった清朝時代の法家思想の枠組みを復活させようとはしなかった。蒋介石が多大な精力を傾けたのは、ヨーロッパの大陸法に基づく法体系の整備と、孫文の「三民主義」に沿った効率的な行政システムの構築だった。中国の人々は、新たに手に入れた報道の自由や集会の自由を活用して、今までにはなかった出版物や新聞を世に出し、有志団体を結成し、高等教育機関を創立する。一九四六年には、千二百もの多様な団体が組織され、十五万五千人の学生が二百の大学で学んでいた。

国民党が中国を支配していた時代には、政府管轄外のさまざまな団体や機関が出現した。この市民社会の原形には、議会、民間のメディア、私立高等教育機関、独立した学術団体、有志による市民団体が含まれていた。新興軍閥からの圧力や日本による侵略、役人の汚職、果ては、激しさを増す共産主義運動の脅威などの障害があったにもかかわらず、いや、むしろそうした問題があったために、中国では独裁政治から離れる根本的な政治変化が起こっていた。

市民社会の発達や国民の政治参加という観点から見れば、中華民国は、その後生まれた中華人民共和国よりはるかに「革命的」だった。しかし、日本が中国を侵略し、次いで中国共産党が権力を握ると、せっかく芽生えたこの市民社会も、多数の政党も、隆盛を極めた報道機関も、すべて完全に破壊されてしまったのだ。

中国で市民社会が芽生えたのは、国民党の功績だろうか。あるいは、それは国民党政権の腐敗や不手際、あるいは不注意から生まれた偶然の産物だったのだろうか。国民党を創設した人物の意図はどのようなものであったのかを見てみよう。孫文の構想では、中華民国の政治体制の移行過程は「軍政」「国民党への政権の移管」「立憲政治の実施」の三段階に分けられていた。まず、国民党軍が中国内の武力抗争を鎮圧する。これが完了すると、国民党軍はその支配権を国民党に移管する。国民党は、国民が代議政治のやり方を十分習得するまで、移管された支配権を行使する。つまり、国民党による一党支配は、憲法に基づく政権が樹立されるまで続くことになる。それ以降、国民党は、公正な自由選挙で有権者の支持を得るために、他の政党と競争する義務を負う。

将来は代議政治に移行するという公約は、必ずしも保証されたものではない。したがって、この公約を、国民党一党独裁を正当化するために捻り出された、巧妙な空論にすぎないと揶揄するのは簡単だ。実際、中国が日本に侵略された時期や、その後の内戦期間中には、この公約が実現する兆候はほとんど見られなかった。また、政治的な理想論を懐疑的な目で見る人々にとっては、国民党であれ、共産党であれ、あるいは孔子にしても同じことであって、「国民党暫定支配」の終了などという話はそれほど実現性のあるものでない。むしろ、中華民国が共産主義運動によって衰退するか、あるいは、道徳規範の具現者としての皇帝による武力支配が復活する可能性の方が高かったのだ。だが、その後の台湾の歴史を見れば、蒋介石の息子の蒋経国《しょうけいこく》総統を含め、国民党の忠実な支持者たちの多くが、この公約を真面目に受け取っていたことがわかる。現在の台湾は、孫文の公約の帰結を示すものではなかろうか。台湾は、法家の抑圧的な国家支配を打破した初めての中華国家であり、そしてまた、正真正銘の市民社会を構築したばかりか、旺盛な民主主義をも育て上げたのだ。

誇大妄想に取り憑かれた毛沢東が、全体主義体制によって中国を支配していた五〇年代から六〇年代の間に、台湾では県や市で繰り返し選挙が実施され、地方自治の経験が積まれた。また、農地改革が成功し、貿易に力を入れた結果、経済も発展した。経済発展とともに、欧米と交流する機会が増える。その二十年間で、中華人民共和国は社会主義的資本主義なるものを生み出したが、台湾の中華民国は、独裁主義国家から近代的な民主主義国家への転換を成功させたのだ。

台湾の文化や政治の変化は急激に加速した。それは、台湾が小さな島国で、中国本土から切り離されていたためばかりでなく、アメリカに完全に依存していたことにもよる。こうした状況下で、一世代のうちにアメリカの象徴とも言える「秩序ある自由」と「人権の尊重」が、伝統的独裁支配の考え方に対して圧倒的な勝利をおさめた。蒋経国は、父親の蒋介石とはまったく異なるタイプの指導者だった。反対派を排除しようとはせず、むしろ寛大な態度を取った。蒋経国の寛容さは、その晩年、対立政党の結成を黙認するまでに至った。

一九一一年の辛亥《しんがい》革命は、中国大陸では、これに対抗した共産党革命に屈して頓挫するが、最終的には台湾で成功した。中国共産党は一九四九年の国共内戦で軍事的な勝利をおさめたが、その半世紀後に平和を勝ち取ったのは国民党である。一人当たりのGNPや基本的人権の尊重など、人間の幸福度を示すあらゆる指標において、台湾は大陸中国に勝っている。この点を否定する者は、中国にも台湾にもほとんどいない。

だから、覇権国に対する最善の防衛策は、ミサイル防衛システムを作り上げたり、第七艦隊の規模を拡大したりすることではない。アジア各国との同盟関係を強化することでさえ最善ではない。これらは皆、重要でおろそかにはできない。だが最良の方法は、きわめて単純なことだが、民主化した台湾が安定して繁栄し続けることなのだ。国を混乱から救うのは共産党支配だけだという主張への反駁《はんばく》は、節度ある自由を首尾よく実践してみせることだ。世界でも上位に位置づけられる台湾の生活水準は、中国の貧困さを際立たせている。結局、台湾は、不安定な状態で中華人民共和国との併存を余儀なくされているもう一つの中国などではない。中国全体の「未来への工程表」である。だからこそ台湾を護らなければならないのだ。

ブッシュ大統領の、もし中国が武力で台湾を侵そうとするならアメリカは台湾を支援するとの宣言は、アメリカが台湾問題で中国に妥協しないという政権の決意を明確に示した。クリントン政権の台湾防衛政策（あるいは防衛拒否政策と言うべきか）は、場当たり的で予測不可能だったが、そのような「戦略的曖昧さ」から脱却して明確な態度を示したブッシュ政権は、称賛に値するだろう。「戦略的明確さ」という新たな外交政策によって、中国政府が見込み違いをする恐れが払拭されたからだ。「タイペイを攻撃すればワシントンとの戦争になる」。この宣言と態度は必要なものではあったが、案の定、中国側の反応は敵意に満ちたものだった。だが、アメリカの強い態度に、中国がそれに合わせた対応を取るようになったのだから、米中関係に有益な影響をもたらしたことは確かだ。

アメリカと旧ソ連との関係がそうであったように、アメリカが強い態度を取れば、中国は平和を志向する。中国政府は、瀬戸際外交には得るところがあまりなく、かえって裏目に出る可能性があると理解し始めた。レーニン主義的な分析や「戦争不可避」のシナリオは重視されなくなり、国際関係の「ゼロサム」分析や安全保障に焦点を絞った見方も影を潜めた。少なくとも、表面上はそう見えるのだ。

米中が繰り広げる「二十一世紀最大の戦い」

対中政策を考える場合はいつも、中国の動向に過剰反応して、中国の武力行使を誘発しないように配慮する必要がある。武力衝突は何としても避けなければならない。かといって、手ぬるい対応や一貫性のない方策を採れば、よりいっそう危険な事態を招くおそれがある。このあたりが、覇権国中国に相対する政策の「岐路」となる。

無為を善しとする人々は、中国は友好的な非同盟国で、アメリカとその友好国の利益を損なう恐れはないと主張するが、その主張と行動は裏腹となっている。中国封じ込め政策を採る必要はないと主張しているのに、台湾への武器輸出を容認しているのだ。また、中国は自然に民主国家へと進化すると言う一方で、私的懇談会では人権侵害問題を取り上げ、中国政府関係者に激しい非難を浴びせている。政策面から考えれば、このような姿勢はきわめて拙劣である。それは、中国共産党幹部を怒らせて常に苛立たしい精神状態に置くには十分に有効だが、その野心を抑えたり、あるいは民主化を促進させたりする方法としては十分ではないからだ。

中国専門家のなかには、中国が現在のところ、基本的に非民主的でアメリカの支配力に対して反感を抱いていると認める者もいる。だが、そのような人々も、現状は一時的なものにすぎないと考えている。そして、あと数年もすれば、経済体制の近代化と他国との交流によって中国に自由がもたらされるのだから、アメリカは過剰な反応を慎むべきだと主張する。アジアにおけるアメリカの軍事力は現状のまま維持しつつ、現在の同盟国との良好な関係を保ち、台湾への武力攻撃を阻止する意思を明示するだけで、あとは、中華人民共和国に代議制による政府が誕生するのを待てばよい、というわけだ。

だが、中国はアメリカの支配力に、単に反感を持っているわけではない。アメリカの支配力に代わる中国の覇権を意欲的に追い求めているのだ。中国の軍事力は急速に強力になり、それにともなって中国政府の「好戦性」も高まるだろう。現在は力を誇示し威嚇するだけの核兵器も、恐るべき攻撃兵器となる可能性がある。中国とアメリカとの軍事技術の格差は縮まり、中国が兵力を展開できる範囲ははるかに拡大するものと思われる。中国の経済も、アメリカに匹敵する規模にまで成長すると見込まれる。

中国が強大になるにつれてその脅威が高まると、西側諸国では宥和政策に走るハト派が増えるかもしれない。今しばらくは、アメリカの経済力の方がはるかに高い状態が続き、科学技術力や軍事力でもアメリカが優位であることに変わりはないだろう。ところがこうした優位性は、宥和政策を取っていれば注目されず、武力衝突の事態が生じて初めて意識される。だが、そのころには、両国の力の不均衡はほとんど解消されていることだろう。

しかしそれでも、今のところは、やはりアメリカの方が優位な立場にある。米軍は世界中に展開する能力を持ち、アメリカ経済は世界中の羨望の的だ。アメリカの科学技術は最先端を走っているし、アメリカが理想とする民主主義には世界中の人々の心を引き寄せる魅力がある。その善悪は別として、アメリカはあらゆる覇権国を阻むことのできる世界で唯一の勢力、それが現実である。

ところがアメリカの今の中国政策は、古い時代の中国分析にあまりにとらわれすぎたものとなっている。そのためにアメリカは、米中間にある厳然としたイデオロギーの違いに応じた行動が取れないでいる。この巨大な共産主義国家と戦略上のパートナーになることが必要だとか、あるいはそれが望ましいなどといまだに信じているありさまなのだ。

アメリカは自信過剰に陥ることなく、パックス・アメリカーナの現状を維持するために、責任を持って最善を尽くすべきだ。アメリカが自国に課せられた責務を認識しない、あるいは、さらに悪いことに、孤立主義の影に隠れるようなことがあるとすれば、それは、中国のような覇権指向勢力の攻撃性を増長させるだけだ。そうなれば結局は、第一次世界大戦や第二次世界大戦の際と同様の介入を求められ、まさに大量の流血と莫大な戦費の負担とを強いられることになる。

「二十一世紀最大の戦い」はアメリカと中国の間で争われるだろう。アメリカが勝てば、西側で果たしてきた指導者的な役割が再確認され、世界中の民主国家の結束がさらに強まる。そして、基本的人権と代議制度の普遍性とが改めて証明されることになるだろう。中国が平和裡に民主国家へと生まれ変われば、アメリカが追求してきた民主主義による、最後の、そして最大の成功例となる。中国の民主化が成功すれば、アメリカとその建国の理念だけでなく、中国の人々もまた勝利の栄誉に浴する。一九一一年、満州族清朝を倒したときに始まり、困難な状況下にあった台湾ではすでに達成されている民主主義を求める旅を終えて、最初の覇者、秦によって創り出された全体主義の足枷《あしかせ》を二千年ぶりに外すことになるからだ。

アメリカ人と中国人は多くの点でよく似ているのに、国としてはまったく異なる政治形態を持っている。この二つの偉大な民族が永遠の和解をする。これほど価値のある目標は、他にあり得ないだろう。

おわりに

●──中国研究者に求められる「勇気」

二十年前、私は中国政府から「国際スパイ」として指名手配された。中華人民共和国における人権侵害について一連の論文を書いた後のことだ。そのときの、同じアメリカの中国問題専門家たちの「沈黙」は衝撃的だった。仲間の一人である私に向けられた不当な告発に対する怒りの声はまったく聞かれなかった。それどころか、彼らは一人、また一人と、私から離れていった。私への支持表明による中国政府からの制裁を恐れたのだ。この場合の制裁とは、中国への出入り禁止を意味する。この人だけは味方になってくれるだろうと思っていた、ある中国研究の先輩は、「君のせいで、我々が中国へ行ったり、研究を続けたりするのが困難になる恐れがある」という手紙をよこした。

中国政府のビザ発給停止や、研究の非承認を懸念して妥協的な態度を取る中国研究者は、これからも絶えることがないだろう。最近も次のような例があった。ワシントンを中心に活動中のあるアナリストが、私の研究所主催の「中国における人権会議」にたいへん興味を示してくれた。そこで私が会議に招待すると、その人物は顔をしかめて会合には出席できないと言う。「北京からの情報ルートを失いたくないので」。

けれども、中国政府に対するこうした迎合姿勢は、やはり次第に見られなくなっていくだろう。中国研究者は、三十年前にニクソンが初めて中国と正式な国交を開いた当時よりも、堅実で現実的な見方をするようになっている。ニクソン時代の中国専門家（他の人より少し事情をよく知っているとされた人々）は、当時、熱に浮かされたような興奮状態にあった。革命後のソ連を訪れた一世代前のジャーナリスト、リンカーン・ステフェンスらが、ソ連で「未来が実現し、うまく機能しているのを見た」と騒いだのと同じ症状だ。だが、現在ではもっと覚めた見方をするのが一般的だ。

例えば、キリスト教徒迫害などについて、中国政府が真実を歪めて発表したり、事実そのものを否定したりする場合、あるいはそれを報じた自らの仲間が激しく非難されているような場合に、口をつぐもうとする中国研究者の数は次第に減ってきている。もしアメリカの中国研究者が中国で逮捕されるようなことが起これば、黙することなく、公然と批判の声を上げるのが最近の中国研究界の傾向だ。

いささか旧聞の例で言えば、一九九九年八月、ペンシルバニア州カーライルのディキンソン大学の研究者、ソン・ヨンイ（宋永毅）が、文化大革命に関する資料を許可なしに収集していた容疑で中国当局に逮捕された。このときには何十人もの中国研究者が、釈放嘆願書に署名した。中国政府は、ソン拘禁の代償が大きすぎると判断して、結局、彼を釈放した。

この事例から得られる教訓を、もっと大きな問題にも活かしたい。覇権国が自らの周囲に築いた威嚇の長城を崩壊させる時期が到来したのだ。アメリカ、そして全世界の中国研究者が臆することなく、おもねらずに自説を主張する意欲を持てば、中国の挑発に対する各国の対応も変わる可能性が非常に高い。中国研究者が真摯な態度で仕事をすれば、一般の人々や政策決定者も同じような反応を返してくれるだろう。

私たちの世界は、これができるかどうかにかかっている。

私がこの本を書くのに、他の人々とともに多くの中国専門家たちが手助けをしてくれた。各段階で原稿に目を通してもらい、有益な批評やアドバイスをいただいた。ニコラス・エバーシュタット、ジェンユアン・フー、ミリアム・ロンドン、ジェイムズ・リリー大使、ロバート・ヒクソン、イアン・ヘインズ、ロン・パンドルフィ、ラリー・アーン、ブルース・ハーシェンゾーン、アル・サントーリ、ビル・ソーンダーズ、ダナ・ローラバッカー、リック・フィッシャー、ビンス・クルス、チャック・デ・ボア、コンスタンチン・メンゲス、ジョン・デルメア、クリストファー・マニオン、ベン・タン、そしてその他匿名希望の人々。これまで私に手助けをしてくれた人々すべてに感謝するとともに、誤りがある場合はすべて私の責任であることを申し添えておく。

最後に、草稿の段階からずっと手伝ってくれた秘書のセアラ・クレイマーと、疲れを知らない編集者のピーター・コリアーに感謝したい。ピーターのおかげで、本書の言葉一つひとつが、ジョージ・オーウェルの言うとおり、「スロットに収まる硬貨のように」、ぴったりと収まるべきところに収まった。

監訳者解説

●――覇を求める飛蝗

本書を通読して、まず感じた。

「やはり中国人は飛蝗《バッタ》であった」と。

著者であるスティーブン・W・モッシャー氏は、中国民族に行動規範を求め、戦略を立てても徒労に終ることが多いと覇権国家の不気味さをこれでもかこれでもかと敷衍《ふえん》する。

中国史における乱世とは、大草原を食いつくす、蝗害《こうがい》の時代である。中国人が中国色としての緑色を潜在的に好まないのは、稲の害虫である蝗《いなご》の体色が原因であるように思えてならない。

ただ、淡褐色の翅《はね》も、戦国時代になると、暗味を帯び、凶暴な形相に変る（群生相という）のだ。いなごも飛蝗の類であるので、以下バッタ（飛蝗）で統一する。

バッタが広い草原を求めて群飛するとき、極めて攻撃的になる。治世の穏やかな孤独相と較べれば、まるで別人、いや別虫になるという。

日本は狭いので蝗害はない。関西空港で異常発生したバッタの群れも一過性のものであった。このように生物界における組織工学は、多分に風土的なものだ。和辻哲郎博士は『風土』の中で、乾燥土、大草原、濁った大河、生命感を与えない泥海が中国人の「無感動性」に影響を与えたことを縷々述べている。風土と生物を集合論で括れば、自然環境の変化により、いとも簡単に相変異する昆虫も、「空気」に流されやすい人間も、似通った行動パターンを示すはずだ。この推論が私の昆虫経済学の根底にある。

バッタは腹が空けば集団となって、新しい草原を求めて翔ぶ。田中寛博士によれば「大発生は、雨が多い年に氾濫原の外側で個体数が増え、乾期に氾濫原の退水後の草地への移動によって個体数が高密度になり、群生相化することによってはじまる」（『飛ぶ昆虫、飛ばない昆虫の謎』東海大学出版会）

モッシャー氏は、バッタの動機を〈覇権《ヘゲモン》〉であるとたばねる。中国人が求めている大中華主義の〝姿〟とは、覇権であり、覇者であり、法家が貫いてきた覇道であり、その不可避性は歴史が証明している。私はそれをバッタのＤＮＡに組み込まれた生物学的欲望《バイオロジカル・ニード》とみる。

サミュエル・ハンチントンは、「中国の国境線は血で描かれている」というが、別にヨーロッパの国境線でも同じだろう。ローマ帝国のかつての血塗られた侵略史を見よ。

しかし、二千年以上の間、世界の中心であった中華帝国の求心力に較ぶべくもない。バッタの活動舞台は、日本、ヨーロッパのみならずアフリカ、オーストラリアまで含むのだ。

漢、隋、唐、宋、元、明、清と続く歴代王朝は、すべて周辺の異民族を見下してきた。そして彼らを朝貢国（大草原）として吸収・同化してきた。征服された周辺のバッタ民族は、覇者によりジャンプ力を奪われ（宦官とされ）、あるいは奴隷とされ、孤独相への相変異を余儀なくされてきた。

宦官とは、東洋諸国で後宮に仕えた去勢男子のことだが、バッタが再び飛べないように、雄の性巣を除去することである。これは残酷だ、違法にしろと、儒者が——たとえ孔子であろうと——皇帝に諫言することもできない。これが非情に徹した法家主義の、そして人権を認めない、共産主義の実態なのだ。

●——ハンプティー・ダンプティーを恐れる北京政府

そもそも刑法と司法制度は、支配者が国民を国家へ隷属させる道具に過ぎない。台湾を威嚇せよ、帝国は日本軍人の悪道を赦すな、と独裁者が号令をかければ、蟠踞しているバッタどもは、群生相に戻り、凶暴化する。従わなければ、再教育か処刑——一昔前なら宮刑（男子の生殖機能を取り除く刑）——により孤独相のまま自由が奪われてしまうのだ。バッタが群生相化し、大発生するメリットは、天敵の鳥や昆虫による捕食率が下がり、卵、幼虫、成虫の生存率も高まる。日本もかつて「産めよ増やせよ」の進軍ラッパが鳴らされたときがあった。

そういうドラの音で始まる臨戦態勢の空気が恐ろしい。サッカーの対日試合で見せた、暴徒と化した中国応援団のやじと、無礼極まる行為——まさに群生相化したバッタによる蝗害ではないか。民が軍を支援せよ（以民養軍《イーミンヤンジュン》）といえば、中国全土のバッタは孤独相をかなぐり捨てて、全体化し群翔する。独立思考など言語道断で、法輪功の連中のように必ず弾圧される。

中国は、基本的に、性悪説の文化である。性善説では、移動性のバッタどもをコントロールすることはできない。表向きは、儒教というオブラートで包んだところで、中味は、法家で武装されている。外儒内法だ。毛沢東は、外共内法（外は共産主義、内は法家主義）という相変異を用いたが、これなども中国の歴史（飛蝗史）を貫く法家思想である。江沢民は、平戦結合（平時と戦時を区別しない）と言ったが、まさにバッタのリーダーとしてふさわしい生物学的感性を備えている。

マザー・グースにハンプティー・ダンプティーという童歌があるが、こわれた卵は元通りにならない――たとえ王様が努力しても――という譬えだ。

モッシャー氏は、覇権国体制が初めてできあがった春秋時代（紀元前七七二〜四八一年）以降、「覇」によって周囲の国々が一つの国家に吸収されるにつれ、力の均衡が生まれたという事実から、大小の国に分割されることは、混沌《カオス》を意味し、好ましくないと述べる。北京政府が一番恐れているのは、外敵ではなく、内敵である。つまり、ハンプティー・ダンプティーという卵をこわさないためには、共通の敵国を創り上げ、国民を群生相化し、そのための秩序――つまり求心力――の維持としての、より強力な〈法〉が要るという理屈だ。

天下を治める要は、仁義、礼などではなく法律だというのが法家による非情の論理だ。情念で動かされる日本人に最も理解しがたい中国人好みの奇計のからくりはバッタの〝相変異〟に過ぎない。

●――湿りの日本と渇きの中国

閑話休題。手塚治虫の『ブラック・ジャック』アニメ・シリーズの中で最も圧巻と思われる情話の一つに「もらい水」がある。

医師である息子の優一の仕事の邪魔にならないように、病棟のベッドを患者に譲り（朝顔につるべとられて）、寝床を求めて、今日も渡り歩く（もらい水）可哀相な老婆。看護師長《チーフ・ナース》の妻も、「病院もベッドが足りないんだから、老人ホームへ……」といつものように夫の優一に毒づく。判ったよ、と腑甲斐ない優一は小遣いと共に老親を、たらい回しの旅に立たせる。

行く先のない老婆は、寝床が見当たらず、人気《ひとけ》のない山奥の旧家へ戻ろうとする。そこで回想場面《フラッシュ・バック》が起る。優しい人に育って欲しいとの願いを込めて、優一という名前を拳玉《けんだま》に書き込んだ、若き母に戻り、当時を回想する。その懐かしい家が地震で倒壊し、老婆は生き埋めになる。必死の思いで、老婆を救出したのが、ブラック・ジャック。息子の優一に向って、母親を助けて欲しければ、五千万円出せと言う。「そんな大金が」と開き直る夫婦に対して、母親の生命《いのち》は百億円でも高くない、と一喝を浴びせる。このエピソードはＤＶＤで何度観ても涙が出る。

その直後であったか、本書の監訳をしてもらえないかという依頼が、成甲書房から舞い込み、現実に引き戻された。中国人なら、このお涙頂戴の戦後残酷物語をどう観るだろうか。急遽ディベーターに戻り、湿りから乾きへ発想転換を試みた。

優一には覇権が無い。戦前の日本の夫のような威厳を取り戻せ、と軍師の孫子なら言うだろう。そのために、私を参謀に、と売り込み、看護師たちを一堂に集め、今日から死を覚悟して、夫の老親の面倒を看よ、と号令をかける。看護師たちは、「今どき、古いわよ」と、大声で笑い孫子を愚弄する。「言うことが聞けないのか」と言ったままコンサルタントの孫子は、姿を消す。数日後、優一の妻であるナースが、死体となって、近くの川縁《かわべり》で発見された。「これは自殺とする。いいか」と恐怖で言葉を失ったナースたちを見渡す。「はーい」と、新任の看護師長が号令をかける。

「これからは、私がこの倒産寸前の病院の覇権を守る。まずブラック・ジャックという儒者の情報を文章化し、処罰の細目に関しては、友人の韓非子君にまかせる。自己責任のルールを貫け。スティーブン・W・モッシャーの言う〈外儒内法〉の精神を貫くには、性悪説に徹した東洋のマキャベリズムを採用せよ。天下（天子）として、再出発する優一の補佐役に必要なのは、男の宰相（参謀のようなもの）なのだ。女は奸（姦）心を抱くもの。しかし佞臣はいかん。かといって野心のある側近は、謀反を起こすので、廃業した病院から優秀な人材を引き抜き、宦官いや飼い猫のようにすること。男性化したナースは去勢するに限る。危機管理のうちで、最大のリスクはピープル・リスクだから、側近には決して気を許してはならぬ。あのブラック・ジャックのような〝走資派〟に気をつけよ。いつお前の面子を傷つけられるかもしれんからな。判ったか、優一。男になれ」

まさかこんな事態には至るまい。たとえ架空話であったとしてもだ。今の日本は、昔の日本ではないのだ。家の主人や長男が求心力を失った民主主義の時代だ。〝外女内男〟といった陽動作戦なら、今の日本人でも使えないことはないが、たとえ民主主義をかなぐり捨てても、アリはアリで、バッタの真似はできまい。日本と中国は、同文同種ではない。

●――ウォル・マートも振り回される中華ビジネス

今、世界一の小売業者であるウォル・マートが大々的に中国に進出している。バッタはどんな餌がきたのかと、虎視眈々と、ウォル・マートの挙動を見守っている。

バッタが凶暴化するのは、生物学的欲求だと述べた。飢えか、渇きである。

その鍵を握るのは、水であり、エネルギーである。中国の（特に浙江省の）エネルギー不足は、国内資源以上に危機的ラインに達している。バッタの複眼から見れば、ウォル・マートが草原に見えるはずだ。

全米三千二百店舗を誇るウォル・マートは、国内では団体交渉のための組合を認めないが、四十二店舗しかない中国では、組合設立を前向きに検討する（「タイム」誌二〇〇四年十二月六日号）という。中国に呑まれているではないか。市場経済の力で中国を変えるというのは、甘い幻想だとモッシャー氏は断言している。中国人は、以逸待労（じっと我慢をして敵が疲労して敗退するのを待て）という戦略を平然と使う。時は金なり、と時間が計量化できるはずだとタカをくくっているアメリカ人や日本人にとり苦手な相手だろう。私が、中国人と交渉する時は、英語そして西洋のロジックという「伝家の宝刀」を用いて、ゲームを演じる。

借刀殺人（他の力を借りて、目的を達せよ）という恐ろしいゲーム感覚が中国にはある――

ディベーターの私にもある。「歴史を鑑《かがみ》にして……」（鑑往知来《ジエンワンチーライ》）というカードを用いて、日本に謝罪を求め続け、政界をゆさぶり続ける北京バッタの陽動作戦に翻弄されてはならない。最近、いろいろな企業の社長に、中国へ進出したいのだが、どうすれば、……というコメントを求められるたびにこう答える。

冷静に相変異を観察し（偏った新聞報道に惑わされずに）隔岸観火（敵同士を闘わせ、疲れるまで手をこまねいて待ち、疲れた相手を撃て）を勧める。攻撃とは、狙いを定めた企業進出と定義しておこう。そしてグローバル意識の高い企業には、遠交近攻《ユエンジャオジンゴン》（遠い国と交わり、近い国を攻める）という頭脳戦略がいかがなものか。隗より始めるつもりで、ウォル・マートの攻め方を観察し、検証《ディベート》してみよう。

中国人《バッタ》は裏表一致《ピアオリイーツ》という言葉が好きだが、私の観察の及ぶかぎり、彼らの行動には虚々実々の駆け引きが多く、正道より詭道《ウエイタオ》（人を欺く手段）を企むようだ。虚とは表裏の不一致のことだ。バッタの軍事戦略家である孫子は、闘いたいときは、闘いたくない、という素振りを見せるべきだ、という。筆者は、それを差異相戦略と表現する。個人レベルでつきあっていると、外交的で朗らかだが、そんな孤独相に惑わされてはならない。集団になる（群生相に変る）と、凶暴になるからだ。

欧米のジャーナリスト、とりわけジ・エコノミスト誌は、中国を竜と表現するのが好きだが、私にはそれがバッタ軍団に思えるのだ。

サミュエル・P・ハンチントンは『文明の衝突』の中で、中国が日和見的性癖（bandwagoning

propensity）により、バランスを失い、近隣諸国に攻め入ることは必至と述べているが、やや難解だ。私ならバッタは群れると侵略を始めると、図解思考を用いて描写する。

バッタが求めているのは経済的にいえばマーケットであり、生理学的にいえば、生体的欲求を満たす方向性である。中国には世界観はない。もしあるとすれば、それは国内秩序の延長（a corollary of the Chinese internal order）でしかない。

中華思想という求心性は、中国が太陽である限り、もう一つ別の太陽は存在させないという、強烈な覇権意識により支えられたものである。それは東洋の専制君主といったタテ系列であって、西洋好みの多極的なヨコ系列ではない。

合従連衡といえども、天下を従えるために覇を競う覇権ゲームであり、お互いの立場を認め合うパートナーシップは存在しない。バッタは静止すればバッタではない。

では中国《バッタ》が日本《アリ》と同盟を結ぶ可能性は？

あり得ないことではない（possible）とモッシャー氏は述べている。しかし、まずあり得ない（not probable）だろう。というのはそんな事態が起る前提条件は、中国がアメリカとの通商問題でこじれ、アメリカが東アジアから一方的に撤退し、日本が日米同盟を見直し、中国から通商上のメリットがあると、認められた場合に限られるからだ。現実は甘くない。よもや、交渉で相手のペースにはまらないよう、彼らの脅しや、煽動に振り回されないことだ。声東撃西（東にフェイントをかけて、西を撃て）の策動に警戒すべきであろう。バッタは、一匹の時の表情と集団の時の表情は全く別のものだということを、くどいほど述べてきた。やはり、隔岸観火の策で行くべきだろう。今のバッタの動向を静観してみよう。

●──二人っ子政策になれば蝗害は近隣諸国に及ぶ

モッシャー氏が一九八〇年頃、「一人っ子政策」に関する調査を一年間行なってきた頃と今とではかなり事情が違う。今では、「二人っ子政策（トゥー・チャイルド・ポリシー）」が好ましいという空気に変りつつある（「ジ・エコノミスト」誌二〇〇四年十二月十八日～三十一日号）ではないか。

一九八〇年の合計特殊出生率は女性一人あたり二・二九人であったが二〇〇四年は一・六九人に激減している。人口維持の比率が二・一であるとすれば、人口世界最大（十三億）の中国が「二人っ子政策」に踏み切ればどうなるか。鳥肌が立つ。これまで一人っ子政策に甘んじ蟠踞していたバッタが、大発生、大躍進のために、群相化し始めているのだ。モッシャー氏は、身震いしながら、こう予言するだろう。

中国はまずアジアの覇権を握る。台湾奪回と南シナ海の完全支配だ。そして、清朝最大版図までの中華帝国を拡張する。バッタの伝統的な人海戦術によりロシアを制覇すれば、ロシア・カード（かつて金日成がこのカードを巧みに使った）を失った北朝鮮は堕ち、朝鮮半島はバッタの大草原（進貢国）に同化させられてしまう。

そしてその究極的な目標は、世界に君臨するアメリカの支配（パックス・アメリカーナ）を終らせ、パックス・シニカ（中国天下）を確立することだ。そのためには、欺瞞の上に立つ戦い（孫子）を挑み続けるだろう。

もしモッシャーの予言通りにシナリオが進めば日本はどうなる。日本はアメリカという巨大なジガバチ（ＷＡＳＰ）の集団に寄生している蜜蜂集団だ。もともと、蟻の王国であったが、東京裁判で、蟻の巣を壊され、愛国的プライドを失い、闘えない自衛隊を抱えた、ひ弱な白蟻集団と化してしまった。アメリカに追随する自民党が率いる、いや利権で与党を支えている蜜蜂集団が弱々しく遊飛する。かと思えば、中年婦人がウンカのように韓流ブームに舞い上がる惨状には目を被《おお》いたくなる。

日本がいずれ覇権を争う米中、つまりＷＡＳＰ（ジガバチ）とバッタのいずれの覇権国家にも隷属しない自尊心と独立心を取り戻すには、戦前の誇り高き蟻《サムライ》に戻ることだろう。

国体（民族的ＤＮＡ）に「義」を寄せる「虫」の価値観――つまりそれは「道《みち》」という蟻のフェロモンに対する郷愁を意味する。本書を監訳しながら、ますますその気になった。

松本道弘――一匹の蟻《サムライ》

◉著者について

スティーブン・W・モッシャー

STEVEN W. MOSHER

米国の研究機関、人口問題研究所(PRI：the Population Research Institute)所長。人口問題における世界的な権威。1979年から1980年にかけて中国の農村部にアメリカ人研究者として初の現地調査を敢行、中国政府による人口抑制の暗部を全世界に告発する直前になって中国官憲に逮捕・監禁され、不本意な同意書を書かされたうえで国外強制退去処分を受けた。現在でも中国政府の「要注意人物リスト」に記載され、調査・研究には種々の圧力が加えられている。だが現ブッシュ政権下では対中政策の決定に大きな影響力があり、国連による不正な対中拠出金の停止などを実現させている。研究書・著書は多数におよび、邦訳書に『チャイニーズ・マザー』(祥伝社刊)がある。

◉監訳者について

松本道弘 MICHIHIRO MATSUMOTO

1940年大阪生まれ。関西学院大学卒。日商岩井、アメリカ大使館同時通訳、NHK「テレビ英会話」講師等を経て、国際ディベート学会会長。対米、対中ビジネスに関する企業コンサルティングも手掛ける。『同時通訳おもしろ話』(講談社刊)『日本人はなぜ英語に弱いのか』(教育出版刊)など著者・訳書は150点を超える。

強制退去《きょうせいたいきょ》アメリカ人研究者《じんけんきゅうしゃ》の

中国《ちゅうごく》はこれほど戦争《せんそう》を好《この》む

◉著者
スティーブン・W・モッシャー

◉監訳者
松本道弘《まつもとみちひろ》

◉発行日
初版第1刷　2005年3月3日

◉発行者
田中亮介

◉発行所
株式会社 成甲書房

郵便番号101-0051
東京都千代田区神田神保町1-42
振替00160-9-85784
電話 03(3295)1687
E-MAIL mail@seikoshobo.co.jp
URL http://www.seikoshobo.co.jp

◉印刷・製本
中央精版印刷株式会社

Printed in Japan, 2005
ISBN4-88086-177-4

定価は定価カードに、
本体価はカバーに表示してあります。
乱丁・落丁がございましたら、
お手数ですが小社までお送りください。
送料小社負担にてお取り替えいたします。